外国人雇用のトリセツ

井上直明

ぱる出版

はじめに

　はじめまして。井上直明と申します。

　私は現在、日本で働きたい外国人と、外国人人材を求めている日本企業をつなぐ『ワールドチアーズ協同組合』の代表を務めています。

　突然ですが、皆さんは『8がけ社会』という言葉をご存じでしょうか。

　これは、2023年末の朝日新聞の記事にあった言葉ですが、「少子高齢化と人口減少により、2040年には生産年齢人口（15〜64歳）が今の8割になる『8がけ社会』がやってきます」――というのです。

　これは実は、非常にショッキングなことです。

　「2割減るくらい、たいしたことはないんじゃないか？」と思う方もいるかもしれません。しかし、**「8がけ社会」では、働く人が減るだけではなく、高齢化も進んでいる**のです。

　厚生労働省の調査によると、2020年に約7400万人だった生産年齢人口は、2040年には約6000万人となり1400万人ほど減少する一方、65歳以上の人口は、約3600万人から4000万人くらいまで増加します。

想像してみてください。

今は20代、30代の店員が5人で営業しているコンビニの場合、「8がけ社会」では、40代から60代くらいの店員が4人で店を回しているかもしれません。

人手が減っているうえ、高齢者では体力的にも長時間労働は難しくなり、24時間営業のコンビニはどんどん姿を消していくでしょう。

コンビニが減るくらいであれば「多少不便になった」で済むかもしれませんが、**現状ですでに人手が足りず、危機的な状況にある介護の現場などでは、深刻な事態になる**でしょう。介護対象となる高齢者が増えていくにもかかわらず、介護する職員は逆に減少してしまうのですから。

このままでは、**いまは「できて当たり前のこと」が、2040年には「できたらラッキーなこと」になっている**可能性が非常に高いのです。

ではどうするか？

少子高齢化の加速を止めることはできませんが、労働力を確保することはできます。それが**外国人労働者を増やすこと**です。

あと数十年では日本人の人口を劇的に増やすことができない以上、**減少する1400万人の労働力を外国人で増やすことが、今の「当たり前の暮らし」を維持するための最善かつ唯一の方法**だと私は考えています。

実際、国や企業も手をこまねいているわけではありません。
　外国人労働者の受け入れは進みつつあり、2023年の厚生労働省の報告では200万人を超えて、年々増加傾向にあります。

　しかしこのペースでは、急激な労働力の減少に追いつきません。
特に人手不足が深刻な地方の中小企業では、外国人に働いてもらわなければ、労働力の確保はますます難しくなると思います。

　とはいえ、外国人に働いてもらうといっても、「言葉も通じないし、食べ物も違うし、接し方もわからないしなあ。そもそも雇い方がわからないよ」と当惑される方が多くいます。

　そのような不安や悩みは当然のことです。

　でも安心してください。そのような方のために、**外国人を雇い入れる方法や入社してからの接し方、外国人ならではのモチベーションの上げ方などを徹底的に丁寧に解説したのが本書**です。

　今まで外国人と接したことがなくても、英語が話せなくても心配ありません。本書を読めば、「外国人を雇うことって、そんなにハードルが高いことじゃないんだ」とわかっていただけると思います。

　日本で働きたいという意欲のある外国人は、たくさんいます。
　ぜひ彼らとともに会社経営の不安を解消し、安定した未来を築いてほしいと思います。

注：本書では、外国人労働者のうち、主に「外国人技能実習生」と「特定技能外国人」について、紹介・解説をしています。

　また外国人を支援する組織として「監理団体」、「登録支援機関」、「支援団体」という名称が出現しますが、「監理団体」は「外国人技能実習生」を、「登録支援機関」は「特定技能外国人」を監理・支援する団体であり、解説する制度によってそれらを使い分けています。

　なお「支援団体」とは、法令等にある正式な呼称ではありませんが、本書内では「外国人を支援する団体」全般を表現するものとして使用しています。

外国人雇用のトリセツ　もくじ

はじめに ………………………………………………………………… 2

第1章 人手不足倒産を救う外国人雇用

1　なぜ日本は外国人労働者から好かれるのか ……………… 14
2　人手不足業界は建築・農業・介護 ……………………………… 16
3　都市部でも地方でも人手不足は深刻な問題 ……………… 19
4　都市部のコンビニ・居酒屋は8割が外国人労働者 …… 21
5　2050年、700以上の自治体が消滅する可能性がある … 23
6　倒産企業の半数は黒字倒産だった ……………………………… 25
7　「日本人」にこだわるデメリット ………………………………… 27

第2章 外国人を雇う10のメリット

1　地方のブルーカラー会社には外国人がぴったり ………… 32

2	すぐ辞める日本人より、辞めない外国人	34
3	外国人同士のネットワークで採用に困らない	36
4	日本語をイチから教える必要はない	38
5	外国人のほとんどは若くてフレッシュで活力がある	41
6	監理団体が窓口となってサポートするので安心	43
7	求人広告費がかからないので採用コストが安い	45
8	外国人は残業大歓迎	47
9	社内のコミュニケーションが活発化する	49
10	新しいサービス創造の可能性が生まれる	51

第3章 どうしたら中小企業が外国人を雇えるか？

1	外国人技能実習生と特定技能外国人の違いとは	56
2	就労までの流れを把握しておく	60
3	重要な相談相手である監理団体の選び方	64
4	面接は直接海外まで行くのがおすすめ	67
5	法令遵守が何よりも重要な理由	69

第4章 外国人が働きやすい環境づくりとは

1 張り紙やメッセージボードを設置する……74
2 寮は4.5平方メートルに1人……76
3 家電など生活用品は最初から揃えておく……78
4 食事は外国人が自分たちで作る……80
5 外国人にも保険加入の義務がある……82
6 給料は相場以上に設定する……84
7 家賃・水道光熱費・Wi-Fi代・生活消耗品以外は徴収しない……86
8 積極的にコミュニケーションをとる……88
9 曖昧な指示はしない……90
10 外国人担当者を決めておく……92

第5章 長く働いてもらうためのマネジメント

1 イメージされやすい「奴隷制度」は過去のもの……96

2	社長だけでなく従業員全員でフォロー体制を作る	98
3	絶対に外国人を人前で叱ってはいけない	100
4	「雨が降ったら休む外国人」には心のケアを	102
5	困りごとは何でも支援団体に相談する	104
6	給料や待遇は明文化しておく	106
7	外国人が失踪したときの対処法	108
8	同じ国の先輩を指導者にする	110

第6章 優秀な外国人を獲得するための採用術

1	外国人の「できます」を鵜呑みにしない	114
2	面接時に体力や器用さを確認する	116
3	優秀な外国人を見つけるためのIQテスト	118
4	本当の日本語力を見抜くポイントとは	120
5	アニメが好きだと日本語の上達が早い	122
6	仕事内容を正確に伝えるのがトラブル回避のポイント	124
7	問題が起きたら採用者の家族と解決する	127
8	「お金目的」の志望者を選ぶべき理由	130

第7章 国別・外国人の国民性とお国事情

1. インドネシア人は温厚で協力的 ……………… 134
2. イスラム教徒のお祈りはまとめて夜にしてもらう …… 136
3. ベトナム人は勤勉・真面目で日本人に近い ……… 138
4. モンゴル人は体力があり日本語も覚えやすい ……… 140
5. インド人はIT関係に強くプライドが高い ……… 142
6. ネパール人は粘り強く仕事をする ……………… 144
7. ミャンマー人は民度が高い ……………………… 146

第8章 こんなときどうする？トラブル事例解決集

1. 不法就労は雇用主も処罰される ……………… 150
2. 女性が妊娠した場合の対応は本人の意思が第一 …… 152
3. 遅刻・無断欠勤が続く場合は支援団体に相談を …… 154
4. お金のトラブル・盗難・借金にはタッチしない …… 156
5. 寮は定期的に点検してマリファナを栽培させない …… 158

6	モデルガン遊びが家宅捜索に発展することも	160
7	女性同士のトラブルは自分たちで解決させる	162
8	死亡事故を起こした会社は外国人を採用できない	164
9	日頃の挨拶で地元住民とのトラブルを回避する	167

第9章 優良支援団体を見極める7つのチェックポイント

1	通訳スタッフを自前で雇用しているか	172
2	問題が起きたらすぐ対応できるか	174
3	ブログやSNSで情報発信をしているか	176
4	外国人を雇うメリット・デメリットを説明できるか	178
5	外国人への生活指導にも対応しているか	180
6	法制度について丁寧な説明があるか	183
7	コストが明朗会計になっているか	186

おわりに ……………………………………………… 188

装丁　土屋裕子（株式会社ウエイド）
本文デザイン・DTP　町田えり子
漫画　中村灯
出版プロデュース　株式会社天才工場　吉田浩
編集協力　滝口雅志・大島七々三
編集　岩川実加

第1章

人手不足倒産を救う外国人雇用

　外国人の受け入れについては、選挙のたびに争点の1つとして取り上げられます。

　しかし、少子高齢化が進んで働き手が急減し、深刻な人手不足に陥っている日本の現状を考えると、「外国人を受け入れるか否か」という議論の段階は、とうに過ぎていると言わざるを得ません。

　給料を上げれば人手は足りると考える方もいるかもしれません。しかし、いくら時給を上げたとしても、そもそもの働き手がいないのですから、根本的な人手不足問題を日本人だけで解消しようというのは無理があります。

　いまの、そしてこれからの日本にとって、積極的に外国人を受け入れ、彼らに活躍してもらうことこそ、経済を破綻させることなく生き残るための唯一の方法です。

　本章では、人手不足が日本にもたらす影響と、外国人の必要性について解説していきます。

1. なぜ日本は外国人労働者から好かれるのか

　いま、激辛料理の本場であるタイの料理人たちが、日本食を学ぶためにこぞって日本に来たがっていることをご存じでしょうか？
　実はタイでは、繊細な日本文化や日本食が人気を集めています。
　そのため、タイ人の料理人も日本で料理の修行をして技術を身につけ、母国に帰って日本食のレストランを開こうと考えているのです。

　日本が人気なのは、タイの料理人に限った話ではありません。
　外国人技能実習生（以下、技能実習生）など、**日本で働くことを希望する外国人の数は年々増えています。**実際、10年以上の推移を見ると、国内で働く外国人は右肩上がりに増加しています。
　特に、東南アジアの人たちにとって、日本は常に「働きたい国」の上位にあり、日本で働くことを希望する若者は後を絶ちません。
　ではなぜ日本は、外国人労働者から選ばれるのでしょうか？

　理由は3つあります。
　まずは収入の高さです。最近では円の為替レートが急激に円安に振れたため、日本で働く"うま味"はなくなったように思えます。しかし、東南アジアなどの発展途上国から見ると、日本の給与水準は3〜5倍です。日本で月給20万円で働いている人が、違う国に行けば100万円もらえると考えてみてください。その魅力が実感できるでしょう。
　発展途上国で暮らす人にとって、日本で働くことは貧困生活から抜け出すチャンスなのです。

2つ目は、**世界の中でも10本の指に入る治安のよさ**です。

日本は特に、ほかの国に比べて、殺人や強盗などの凶悪事件が非常に少ないことで知られています。このような安全な環境は、長期にわたって日本で働こうとする外国人にとってとても重要です。

例えば技能実習生の場合、最低3年は日本で暮らすことになります。しかも、およそ半数は女性です。親元を離れての生活ですから、安心して暮らせる国のほうがいいのは言わずもがなでしょう。

3つ目は、**日本は外国人が在留資格を得るためのハードルが低いこと**です。

実は外国人にとって、収入面だけを見れば、お隣の韓国のほうがはるかに魅力的です。日本では技能実習生の平均月収は約20万円ですが、韓国では27万円とかなりの差があります。それでも日本を選ぶ人が多いのは、韓国では求められる言語能力の基準が高く、在留資格を得るのが難しいからです。

また、中国は韓国以上に給与水準が高く、さらにヨーロッパはそれよりも高いのですが、外国人が働くための条件が厳しいために、選択肢から外れてしまうのです。**日本の場合、企業に採用してもらえれば誰でも来られると言っても過言ではありません。**難しい条件がなく、その気になれば誰もが働けます。

ほかにも、韓国や中国は、日本と比べて労働環境や住環境がよくないと言われています。たしかに外国人が他国で働く第一の目的は収入の高さではあるものの、それだけではありません。

日本は外国人にとって入国しやすく、給料も高く、そして安心・安全な、まさにパラダイスのような国なのです。

2. 人手不足業界は建築・農業・介護

　先日、沖縄・南城市に、沖縄初の会員制スーパー『コストコ』がオープンしました。オープン初日は未明から1000人以上の行列ができ、そのため予定より3時間半も早い午前4時半には開店。午前7時すぎには入店まで5時間待ちという状態だったそうです。

　これには、以前から沖縄にあったスーパーも気が気ではないかもしれませんが、『コストコ』の登場は、ほかにも思わぬ影響を沖縄の企業に与えているのです。

　それは**「人材の確保」**です。
　実は『コストコ』のアルバイトの時給は、沖縄県内の平均的な時給に比べて高額なため、必要な人員を『コストコ』に取られてしまい、ほかの企業はなかなかアルバイトを集められないというのです。
　あるホテル関連の企業の社長は「仕事はあるのに人が来ない。これでは黒字倒産してしまう」と頭を抱えるほどです。

　人手不足倒産の危機は、沖縄に限ったことではありません。**日本全国で、仕事はあるのに人手不足で倒産に追い込まれる会社が増えています。**帝国データバンクによると、2023年は人手不足による倒産が、前年の140件からほぼ2倍の260件まで急増しています。
　データでは、特に建設、物流業界の倒産件数が多いようですが、私が見た限り、人手不足倒産の危険性が高い業種はほかにもあります。

その1つが**農業**です。農業就労者の平均年齢は年々高齢化しており、後継者もいないため、就労人口は減る一方です。今後、廃業が続出するおそれもあり、日本の農業の未来は危機的な状況を迎えています。

介護業界も典型的な人手不足の業界です。高齢者のお世話をするのは重労働であり、忍耐力も必要ですが、何より人柄が重要です。ホスピタリティを持つ人でなければ務まりません。介護業界では、人材派遣会社が人を集めているものの苦戦しており、「ギリギリまで日給を高く設定しても、人が集まらない」と頭を抱えています。

「人手不足の原因は少子高齢化」とよく言われますが、私はそれだけではないと思っています。皆、その仕事をしたいと思わないのです。

特に今の若い世代は、興味がない仕事や、嫌だと思う仕事には、一切手を出そうとしません。人が集まらない職種の場合、残念ながらいくらお金をかけて広告を出しても、日本の若者は来ないでしょう。

その点、**外国人の場合、職種や労働環境もさることながら、一番の目的はお金を稼ぐことです。**建設現場や工場のライン作業のような、日本人が敬遠しがちな仕事でも、真面目に根気強く働いてくれます。全般的に屋外の仕事より工場など施設内の仕事を好む傾向はありますが、農作業にも熱心に取り組みます。というのも、東南アジアの国々の多くは農業国で、子どものころから農業に親しんできた人が多いので、積極的に働いてくれるのです。

介護の仕事に関しては、日本語能力試験でN4というスコアが必要になりますが、それも5段階評価の2番目に難度が低いもので、さほど高いハードルではありません。日本の介護事業者が外国人スタッフ

を避ける傾向もありますが、もはやそんなことを言っている場合ではなくなりました。

　建築、農業、介護など日本の若者が敬遠しがちな仕事でも、外国人に募集をかければすぐに応募者が見つかります。しかも喜んで真面目に働いてくれます。**外国人は日本の人手不足を救ってくれる心強い味方**なのです。

3. 都市部でも地方でも人手不足は深刻な問題

「静かな退職」 という言葉をご存じでしょうか？

中高年の方は「円満退社のことか？」と思われるかもしれませんが、そうではありません。実は「会社に求められた必要最低限の仕事を義務的にやる。昇進も昇給も特に望まず、ひっそりと仕事をして自分の生活を維持できればそれでよい」という、最近の若年層の仕事に対する考え方を表した言葉です。帰属意識や労働意欲が希薄すぎるところが、まるで退職希望者のように思えることから、このように呼ばれているのでしょう。

当然、すべての若年層が「静かな退職」に当てはまるわけではありませんが、**このような傾向が、日本全国の建設業や飲食業などで人手不足になっている理由の1つではないか**と私は考えています。

もともと労働意欲が薄いのですから、わざわざきつい仕事だとわかっている業界に飛び込んではいかないでしょう。

先日、千葉県で建設業を営んでいる知人の社長を訪ねたら、「若い人がまったく集まらない」とグチをこぼしていました。聞けば、毎月のように募集広告を出しているのに、応募者が来ないそうです。

この1年間でかけた費用は100万円。それで採用ゼロというのですから、心中穏やかではないでしょう。

採用で悩んでいるのは、この社長だけではありません。

そもそも人数が少ないうえに、きつい仕事は嫌だというのが若年層です。地方の建設業は軒並み人手不足で、本当に深刻な状況です。

そこで私は、「効果のない広告に無駄なお金を使うくらいなら、その予算で試しに外国人を雇ってみませんか？　外国人に募集をかければ、確実に採用できますよ」と伝えたのですが、「いやあ、やはり言葉が通じる日本人のほうがいいですよ」というお返事です。
　そこで私は、「静かな退職」のことを説明し、「このままでは本当に埒があかないと思います。もし応募があったとしても、長続きはしないでしょう。**やる気の薄い日本人の労働意欲をわかせるよりも、労働意欲の高い外国人にある程度の日本語会話を覚えてもらうほうが、はるかに現実的**だと思いますよ」と伝えました。
　２週間後、その社長から連絡がありました。
　「井上さんがそこまで言うなら、一度、外国人を雇ってみます」ということで、外国人採用を決断。結果、20歳と24歳のベトナム人を２人、採用することになりました。今は日本に来るのを待つだけの状態です。

　私が見る限り、**「人が来ない」状況は地方も都市部も変わりません**。地方の建設業だけではなく、都市部の飲食業や宿泊業なども、本当に採用で苦労しています。
　「『静かな退職』といっても、給料を上げれば応募者も増えるんじゃないか？」と思う方もいるかもしれませんが、それは違います。
　求人サイトの社員が、「井上さん、**今の若者はどんなに給料を上げても、やりたくない仕事はしないんですよ。給料を上げればどんどん人が集まってきた時代ではないんです**」と打ち明けてくれました。
　例えば『スターバックス』のようなイメージのよいカフェチェーンなどであれば、満足度が高いため、人を集めることができます。
　しかし、そのようなケースはあくまで例外。**人手不足の解消は、外国人に頼るしかないのが現状**だと思います。

4. 都市部のコンビニ・居酒屋は8割が外国人労働者

　コンビニで働いている外国人アルバイトの人数をご存じですか？
　少し古いデータですが、2019年の段階ですでに6万人以上だったそうですから、おそらく**今では10万人を超えているの**ではないかと思います。
　特に東京や大阪などの都市部では、たくさんの外国人が働いています。居酒屋に入ると8割の店員が外国人で、締めのラーメン屋ではホール担当の女性スタッフが外国人、そして帰宅途中に立ち寄ったコンビニでは店員がすべて外国人、という状況も珍しくありません。

　そして、**少しずつ国籍も広がりを見せています。**
　東南アジア系の人を見ても、外見では何人かあまりわからないかもしれませんが、コンビニのバイトに多い留学生の出身国でいえば、今はベトナム人が半数を占め、インドネシア人、ネパール人と続き、これからはミャンマー人が増えていくと見込まれています。

　外国人の割合が高いお店が多い地域には、ある特徴があります。
　たいてい、**近所に日本語学校がある**のです。そしてその学校に通ってくる外国人の多くは、学校の近所に住んでいます。ですから、学校帰りにそのまま仕事に行けるということもあって、自然と人が集まってくるのです。そのため、留学生などの外国人が多く住んでいたり学校に通ってきたりするエリアでは、個人経営のレストランや居酒屋でも、あまり人手に困りません。

あともう1つ、コンビニに外国人アルバイトが増えているのは、「**コンビニ業務は難易度の高さに比べ、日本人の若者にとっては時給が安い**」ということも理由として挙げられるのではないかと思います。

　コンビニの仕事は、商品の販売だけでなく、振込手続きや宅配便の受発送など、多岐に渡ります。覚えることが多く、なおかつ長時間労働に耐える体力と接客の機転が求められる、難易度の高い仕事です。私もよくコンビニで振込や宅配便の発送などをしますが、その作業はとても複雑そうで、よくこんなことが覚えられるなといつも感心しています。これでは、時給が少々高いくらいでは、日本人はまず応募してこないのではないでしょうか。

　ところが外国人なら喜んで働いてくれます。なおかつ非常に有能です。実は、コンビニで働く外国人のほとんどは留学生たちです。しかも大学生も多く、そもそもの能力が高いので、あれだけのパフォーマンスが発揮できるのです。

　もちろん、外国人のすべてがコンビニで働くアルバイトのような高い能力を持っているわけではありません。正直なところ、技能実習生の場合、日本語力は高いとは言えないのが実情です。
　ですから、若い外国人は皆コンビニのスタッフのように接客ができると思ってしまうのは誤解のもとですが、真面目にコツコツ、テキパキと誠実に仕事をしてくれるところは同じです。

　これまでは、**日本の店の接客なのだから、スタッフも日本人がいい**と頑なに考えていた店長も、**一度外国人を雇ってみると、考え方ががらりと変わった**といいます。これから先、「店長も従業員も外国人」というお店もできるかもしれませんね。

5. 2050年、700以上の自治体が消滅する可能性がある

　先日、仕事で八戸に行ったとき、小さな飲み屋が連なる一角が、廃墟と化している光景を目にしました。看板は残っているものの割れていたり、ほこりで煤けていたり。またドアにはいろいろな郵便物が押し込まれ、入りきらないものは外に落ちていて、何の気なしにそれらの郵便物に目をやると、税務署からの督促のようなものも混じっていました。ギリギリまで粘ったもののどうしようもなくなり、言い方は悪いですが"夜逃げ"状態で姿を消してしまったのでしょう。

　夜に灯り1つなく空虚さが漂う情景が強烈に印象に残り、ほかの場所に行ったときも少し街を散策してみるようになったのですが、そこで気がついたのが、繁華街でも中心部を離れると「廃墟と化した一角」がかなりの割合で見つかるということです。
　日本では少子高齢化が重要課題と言われ続けてきましたが、**もはや高齢化を飛び越して、「人がいなくなる」という現実がすでに起きている**のです。
　日中、幹線道路を自動車で走っているとそれなりの交通量がある場所でも、夜になると人っ子1人通らず、静まりかえっている光景もよく目にします。幹線道路沿いであれば一定数の人が住んでいてもおかしくないのに、誰もいないのです。

　民間の有識者グループ「人口戦略会議」が、2050年までに744の自治体が消滅する、というショッキングな発表をして話題になりまし

た。今ある自治体数の実に4割が、30年もたたないうちになくなってしまうというのです。特に東北地方では8割の自治体が消滅すると予測されています。

また、総務省の推計では、日本の人口は2050年には9515万人。今より3300万人も少なくなるとされています。

この状況に対し、消滅が危ぶまれる全国各自治体では、30年後の生存をかけてさまざまな取り組みを打ち出すようになりました。中でも、外国人雇用に取り組む地元企業を支援する動きが増えています。
支援の内容は、外国人雇用に際して企業が負担しなければならない初期費用や語学研修費などに対して、補助金を出すというものです。

その狙いは、人手不足で苦しむ地元企業の活動を支援することのほかに、地域の人口増加があることは言うまでもありません。

外国人を1人雇おうとしたら、技能実習生の場合だと40万円程度の初期費用がかかります。その一部を負担してもらえれば、企業が外国人を雇用するための負担が減ることは間違いありません。

このように**外国人を雇用することは、企業のみならず地域の存続をも左右する重要な課題になっている**のです。

余談ですが、企業の外国人雇用のお手伝いをする支援団体も、地方では代表者が高齢化を迎えており、後継者も見つからず、廃業するしかないところまで追い込まれているところも多くあります。

この状況に目をつけたのが、中国系を中心とする外資系企業で、支援団体のM＆Aを進めています。**日本で外国人雇用を増やす活動を、外国人が担う時代がすでに始まっている**のです。

日本のことは日本人でやっていけるという時代はとうに過ぎていることを、もっと多くの人に知ってほしいと思います。

6. 倒産企業の半数は黒字倒産だった

　"日本語学校激戦区"とも言われる新宿区・高田馬場は、若い外国人が多いので、よく行く場所です。
　そして、高田馬場に行ったら、隣駅の早稲田にある老舗ラーメン店に足を伸ばすというのが長年の習慣なのですが、数か月前にそのラーメン店が閉店することが、ネットニュースで話題になっていました。
　そこそこ、いや、かなり繁盛していた店なのになぜ閉店するのだろうかと不思議だったのですが、記事を読んで納得しました。
　高齢で体調を崩しがちなご主人に代わる後継者がいないというのです。**経営には問題がないにもかかわらず、働き手がいないために経営をあきらめる——。いわば"黒字倒産"**です。
　建設業などでも、これと似たような光景を目にします。ある70代の社長は、人手不足なのに若い人を雇えず、「あと何年もつかな」と漏らしながら、いまも現場に出ています。

　事業は順調なのに、経営者の高齢化でやむなく廃業を決断する中小企業は全国で急増しています。東京商工リサーチの調査によれば、2020年に黒字倒産した企業は、全倒産件数のうち46.76％と、およそ半数を占めます。
　だからこそ、外国人採用に踏みきる企業が毎年、着実に増えてきているのです。すでに地方の建設会社などでは、外国人がいなければ会社が立ち行かないといった状況になっています。極端な話、外国人がいなくなったら倒産する可能性も十分にあります。

先日、私の組合とお付き合いのあった建設会社のＡ社が倒産してしまったのですが、理由は、**外国人を手放さなければならなくなったから**です。

　Ａ社は岩手県に本社を置き、茨城県にある外資系メーカーの工場の生産工程の一部を請負で担っていました。Ａ社にとって、その仕事は売上の大半を占めるものでしたが、ご多分に漏れず日本人従業員を募集してもうまくいかず、そのため工場には、自社で雇用していた20人ほどの外国人を投入していました。

　ところがある日、発注元である外資系メーカーから、「外国人を使ってはいけない」という指示が来たのです。

　Ａ社の社長は大慌てで新しく日本人を採用しようと手を尽くしたのですが、結局1人も採用することができず、泣く泣くその工場から去ることを余儀なくされました。そして、間もなく倒産してしまったのです。

　最近、Ｍ＆Ａが急増していますが、**その要因の1つが中小企業の後継者不足**です。地方の飲食店や中小企業では、事業そのものより地域での知名度や顧客基盤などの無形資産によって価値が決められることから、100〜200万円程度で譲渡する会社が増えています。

　そもそも黒字なのに事業を畳むのはもったいないことですし、地域になくてはならない飲食店や企業はたくさんあります。

　外国人雇用は事業継続の切り札です。外国人雇用が広がれば、日本の黒字倒産は確実に減るに違いありません。

7. 「日本人」にこだわるデメリット

　ホリエモンこと堀江貴文さんが、『牛たんの檸檬』という焼き肉店のフランチャイズ事業に参加しているのをご存じでしょうか？
　このお店のウリは、牛肉のステーキほどの厚切りの牛タンです。
　そして牛タンの美味しさもさることながら、もう1つ話題となっているのが、外国人スタッフが活躍するお店だということ。店舗運営の基本設計に、外国人を雇うことが最初から組み込まれているのです。
　飲食店経営でもっとも負担になるのは人件費です。その点、**外国人なら日本人と比較して人件費は抑えられ、それでいて元気でよく働いてくれます。**さすがマーケットや時代を正確に先取りする堀江さんは、目の付けどころがいいと思いました。

　全国の中小企業を見ていて思うのは、**「日本人」にこだわる会社はこれから先、生き残っていくのが難しいだろう**ということです。そして、私がさらに問題だと感じるのが、めったに新卒を採用することのできない地方の中小企業ほど、「日本人」にこだわっているということです。

　特に建設業や製造業では、人材教育の方法や社風について「いまのままでいい」とこだわる経営者や従業員の方が多いのですが、私から見ると**「昔の日本のスタイルのままだから、いまの日本人の若者も来たがらないのではないか」**と感じることが多いのです。

日本語が当たり前に話せて、手先が器用。なおかつ上下関係を理解して、空気を読んで判断できる日本人がいい、と考える社長の気持ちは、わからなくもありません。

　しかし、**外国人雇用をきっかけに社内を見直すことは、会社を変えるきっかけにもなります。**しかも、技能実習生や特定技能外国人はハングリー精神も旺盛で、労働意欲が日本人の２倍、３倍高いです。そして、丁寧に教えればちゃんと仕事をしてくれます。

　確かに、日本で初めて仕事をする技能実習生たちは、最初はほぼ日本語が話せません。仕事をしてもらうにも、最初は必ず言葉の壁にぶち当たります。
　そのため、外国人を職場に迎えるにあたっては、社長にも現場の従業員の方々にも寛容さが求められますし、何かと丁寧な説明も必要になります。社内の仕事上のルールを変えなければならないところも出てきます。
　例えば、作業をわかりやすく説明するための簡単な資料を作成したり、社内ルールを張り紙にして壁に貼ってあげたり、といった工夫も必要です。そういった手間ひまをかけるのは、確かに面倒に感じるかもしれません。

　しかし、**外国人を採用するメリットには、かけた手間ひま以上のものが確実にあります。**
　仕事に前向きで、意欲も旺盛な外国人が社内に入れば、職場も活気づきます。また、外国人が働きやすい環境を作り、古い習慣から脱することは、日本人の若者にもフィットする、魅力的な職場に変わるきっかけにもなります。

これだけ社会や市場環境が変化している中で、昔のままで何も変えずにいようとするのは、経営のあり方としても後ろ向きといえます。
　ぜひ、**外国人の雇用によって、時代に合わせて会社をアップデートしてほしい**と思います。

第2章

外国人を雇う10のメリット

「人手は足りないけれど、やはり働いてもらうなら日本人のほうがいい」。

そう考える経営者の方は多いと思います。

確かに、日本人であれば身元もしっかりしていて、言葉の問題もなさそうです。

しかし実は、外国人を雇用することには、いろいろな不安を打ち消すだけのメリットがあります。

その事実は、まだ外国人を受け入れている会社の数が多くないので、あまり知られてはいないかもしれません。

しかし、すでに外国人を雇い入れている会社の社長に話を聞くと、「無理な条件で日本人を雇うよりも、やる気のある外国人に働いてもらうほうが、会社にとってはるかにいい」という方が非常に多いのです。

そこで本章では、外国人を雇うメリットにはどのようなものがあるのか、具体的に紹介していきます。

1. 地方のブルーカラー会社には外国人がぴったり

アフターコロナのインバウンド増で、街中のいたるところで外国人旅行者を見るようになりました。

特に、京都や東京の浅草などの観光地では、日本人よりも外国人のほうが多いのではないかと思うほどです。

また最近では、観光地だけでなく、地方都市も人気を集めています。『ニューヨーク・タイムズ』紙が、「2023年に行くべき街52選」の第2位に岩手県盛岡市を選出したほか、最近では、岐阜県の飛騨地方で実施されている「田舎道を自転車で走るだけのツアー」に外国人が殺到しているそうです。

日本の地方都市に魅力を感じているのは、観光客だけではありません。**日本で働きたいと思っている外国人にとっても、地方は魅力的な職場**です。そしてまた、**地方の企業側にとっても、外国人は理想的な働き手**です。

地方の中小企業には「募集をしても人が集まらない」という課題があります。特に建設業は、帝国データバンクの調査によれば、68.3％の会社が人手不足を感じているとのこと。全国規模で人手不足となれば、賃金の高い都市部の現場に人が集まってしまうため、地方の状況はさらに深刻なものとなります。そのため、災害復旧のための入札が不調に終わるなどの影響も出ています。

そのような企業にこそ目を向けてほしいのが、外国人です。

彼らも、最初こそ東京や大阪といった都会で働きたいという思いがありますが、特に強い思い入れがあるわけではありません。

母国では、一生懸命頑張っても日本円で3万円から4万円という給料しかもらえませんが、日本に来れば、都会・地方を問わず、毎月手取りではるかに多くのお金を稼げるのです。

高収入を得られるのであれば、都会であれ地方であれ、日本で働くことが先決です。そのため地方の企業でも、募集をかければ外国人がどんどん応募してきます。

私のもとを訪ねてくる中小企業の社長との会話で最も多いのが「外国人雇用はハードルが高いんじゃないの？」という不安の声です。

「人手が足りないので初めて外国人を採用するけど、言葉も習慣も違う。クリアしないといけない法律もたくさんある。本当に大丈夫ですか？」。

先日も、東北地方の建設会社の社長からこのような話をされましたが、私は自信を持ってこう答えました。

「安心してください。確かに簡単ではない部分もありますが、私たちがしっかりサポートしますから」。

結果として、この会社の社長は私の提案を聞き入れ、毎年2～3人の外国人を定期的に雇い入れるようになりました。そして、人手不足倒産の危機を乗り越えることができました。

募集をかけても集まってこない日本人労働者を待っていることはありません。**外国人労働者こそが、地方にある中小企業の救世主**です。同時に、**地方の中小企業こそが、外国人労働者にとって夢をかなえる場所**なのです。

2. すぐ辞める日本人より、辞めない外国人

「1万時間の法則」という言葉を聞いたことがあるでしょうか？

これはアンダース・エリクソンという心理学者の実験がもととなっている説で、**「何にせよ、その道のプロになるためには1万時間の修練が必要になる」**というものです。

この法則に従えば、何らかの仕事について一人前になるためには、1日8時間、1年に300日弱働いたとして、4年以上はかかる計算になります。

これは、皆さんの肌感覚からしても、理解できることではないでしょうか？ どのような仕事でも、必要なスキルを身につけて場数をこなし、いくつものトラブルに出会って対処法を学び、それをスキルとしてまた仕事に活かし……というプロセスをたどることを考えれば、やはり**プロと呼ばれるためには、最低でも4、5年はかかる**と思います。

ところが、**いまの日本では、その年月を耐えられない若者が増えています。**

日本能率協会の調査によれば、1年目の新入社員の3割が転職や独立を考えているそうです。それを裏付けるように、厚生労働省の調査によると、新入社員の約1割が入社後1年以内に、そしてさらにもう1割が入社後2年以内に、退職しているのです。

特に、飲食業や宿泊業では、1年以内の退職率が50％を上回っています。これでは、いくら人を採用しても追いつかないのは当然でしょう。それでも都市部の企業であれば、まだ何とか補充できるかもしれ

ませんが、地方はもともと人口が少ないこともあり、そう簡単に人材を雇い入れることは困難です。

また、このペースで人が辞めていったら、人材育成どころではありません。辞めずに残ってもらうことで精一杯で、会社を成長させるための将来的な事業計画を立てることもできないでしょう。

募集をしても人が集まらず、やっと入社したと思ってもさっさと辞められてしまうのでは、踏んだり蹴ったりです。

ところが、**外国人の場合、いつ辞められるかと心配する必要はまずありません。**

というのも、技能実習生（56ページ参照）の場合は、最低3年間、その会社で勤務するよう定められているのです。これなら、日々の教育のしがいもあろうというものです。

そもそも外国人は、母国の家族を養うために日本に来ている人たちがほとんどです。だから、簡単に仕事を辞めたりしません。しかも、日本では母国で働くのに比べて何倍も稼げるのですから、よほど特殊な事情がない限り、自分から辞める理由もありません。

その証拠に、契約期間の3年が過ぎても、2年まで延長が認められているので、5年間働く人の割合がとても高くなっています。

ただ、特定技能外国人（57ページ参照）の場合は、転職が認められていますから、技能実習生とは事情が異なります。

もっとも、理屈の上ではそうなっているということであって、実際には給与水準や職場環境に問題がない限り、簡単に辞めたりはしません。その点は安心してください。

人を雇うなら、すぐに辞める日本人よりも、安定して働いてくれる外国人のほうが、会社にとってありがたい存在だといえます。

3. 外国人同士のネットワークで採用に困らない

　外国人なら確実に人が集まる、ということは、何度も繰り返しお伝えしてきました。しかし当然ながら、外国人にも積極的に行きたい職場と、それほどでもない職場があります。
　では、**外国人が積極的に行きたがる職場の仕事とは、どのようなものだと思いますか？**
　それは、**工場の仕事**です。外国人にとっては、屋外ではなく室内で働けることは、願ってもない好条件だからです。
　建設業や農業のような屋外での仕事は、夏は暑くて冬は寒く、しかも雨や風にさらされます。場合によっては危険な作業もあります。日本人なら"３Ｋ"として避けたがる職場は、外国人にとっても楽ではない、きつい仕事だと認識されています。
　一方、**工場のような室内勤務であれば、エアコンが効いた快適な空間で働けて、なおかつ安全**です。そのため、日本人にはきつく感じられる仕事でも、外国人ならどんどん志望者が集まってきます。

　茨城県に、菓子パン製造の下請けをしている食品会社があります。その会社では、工場で働く従業員が定着しないという悩みを抱えていました。視認によるチェック作業が多いので、神経を使うわりには報酬が見合わない、というのが大きな理由です。
　そこで私は、その社長に「外国人を入れてみてはいかがですか？ 工場勤務は外国人に非常に人気があるので、日本人がきついと思う仕事でも、優秀な人材が集まると思います」と提案しました。

その社長は私の提案を受け、半信半疑ながら2人のベトナム人女性を雇い入れたところ、不満も言わずきっちりと仕事をしてくれることに大満足。その後多くの外国人を採用しましたが、皆とても優秀で、人員について心配することはほとんどなくなったと話していました。

　このように、工場のような屋内勤務であれば、優秀な人材が集めやすいということは確かなのですが、建設業や農業などのきつい仕事であっても、継続して優秀な働き手を集めることは可能です。
　というのも、**外国人は同じ国の人同士が参加する独自のネットワークを持っているので、「この会社が人を探しているよ」といった情報はすぐに広がる**からです。
　そして、その会社は給料がたくさんもらえ、職場環境もよいとなれば、そのネットワークを通じてどんどん応募してくれます。外国人も、どうせ働くなら知っている人がいる場所で働きたいという気持ちが強いため、**人が人を連れてきてくれるというありがたい連鎖が期待できる**のです。

　ただし、このような**正の連鎖が続くためには、働いている人たちの満足度が高いことが前提**です。「この会社は給料が安いのに人をこき使う」とか「給料を払ってくれない」などのマイナス情報が出回れば、反対に誰も来てくれなくなることは、言うまでもありません。

　人材が育てば、新たに来る外国人の教育係をしてもらうこともできます。結果として、会社側の手間や負担も軽くなっていきます。
　外国人の採用を検討するのであれば、ぜひ**初めて受け入れる外国人に「この会社でよかった」という思いをさせてあげてください。**
　そうすれば、人材不足の悩みからは解放されます。

4. 日本語をイチから教える必要はない

　相撲中継で、外国人力士が非常に流暢な日本語で取組の感想を話しているのを聞くと「きっとすごい努力をしてここまで話せるようになったんだろうなあ」と、相撲以外のことで感心してしまうことがあります。
　以前、知り合いの社長に「井上さん、外国人の相撲取りって、みんな日本語がペラペラだよね。働きに来る外国人も、皆あんな感じで来日するんですか？」と聞かれたことがあります。
　私は苦笑して「いや、そんなことはないです。みんな頑張って日本語を覚えるんですよ。元横綱の朝青龍も、17歳で来日しましたが、20歳を過ぎてから相撲部屋に入ってもなかなか思うように話せず、苦労したそうです。もっとも、相撲には独特の言葉や習慣があるので、普通の仕事とは比べられないですけれどね」と答えました。

　では、力士になるためではなく、**仕事をするために来日する外国人は、どのように日本語を覚えるのでしょうか？**
　まず、日本企業での採用が決まった外国人には半年間、母国にある全寮制の研修施設に入ってもらい、日本語をはじめ日本での生活の仕方や、仕事に関する基本的なことを学んでもらいます。
　その後、日本に入国してからも1か月間、日本国内で研修を受け、ようやく就労となります。採用から入社まで実に半年以上の研修期間を経ているので、**受け入れる会社が、日本語や日本の習慣などを、イチからすべて教える必要はありません。**

とはいえ、**その程度の勉強期間では、やはり限界があります。**
しかも最初の半年は現地の日本語講師から学ぶ日本語ですから、ネイティブな日本語を聞くのは入国してからです。**よほど優秀な人でも、単語で意思疎通ができる程度**だと思ってください。

日本語での会話が成立するようになるには、最低3000語程度の単語力が必要です。しかし、そこまで覚えてくる人はほぼいません。よくても1500語。これで、通常の会話にはならないものの、単語でやりとりできるようになります。ただ、ほとんどの人は300〜500語程度しか覚えていない状態でやってきます。
そのため「こんなに日本語が通じないとは思わなかった」とか、「まったく仕事を知らない、使えない」ということでトラブルが起こることもあります。

ただし、全員が一律でそのレベルというわけでもありません。母国や日本での研修によっても違いが出ます。
私の組合では、国が定めた規定とは別に、独自に日本語習得に関する基準を設けています。具体的には、毎週150問の単語テストを行い、なるべくトラブルが起きないよう準備をしてもらっています。
また、実務に関することについても、基礎的な言葉は覚えてもらい、簡単な作業ができる程度には準備をしておきます。

「なかなか、即戦力とはいかないんだな」と思われるかもしれませんが、**技能実習生の場合、来日の目的は基本的に仕事を学ぶこと**です。
就労したその日から働くことはできますが、即、現場を助ける力になるかといえばそうではないことは、理解しておいてほしいと思います。

ここまで実際の状況を伝えてきましたが、入国したばかりのころは予想していたよりできないと思われたとしても、実際に働く中でどんどん吸収する人たちばかりです。

　私のこれまでの経験からも、**ほとんど会話ができなかった人の半数が、3～6か月程度でそれなりの会話ができるようになります。**
　会社を訪ねるたびに日本語が上達し、仕事も覚えていっている様子を見て、驚かされることが多いのです。

　外国人採用に関しては、**即戦力を期待するより、育てがいのある人材が来ると考えてもらうのがちょうどいい**のではないかと思います。

5. 外国人のほとんどは若くてフレッシュで活力がある

　よく言われることですが、ベトナムやインドネシアなどの東南アジアに行ったとき、**まず感じるのが街全体に漂う活気**です。高層ビルのような新しい建築物と古い街並みが共存する雑然とした雰囲気の中、たくさんの人々やバイクが縦横無尽に行き交う様子は、これからさらに成長していこうとする国特有のものだと思います。
　そしてもう１つの特徴が、**若者が非常に多いこと**です。現地に行ってすれ違う人の多くは、はつらつとした若者です。それもそのはず、インドネシアの人口は約２億8000万人と日本の２倍以上ですが、平均年齢は29歳です。またベトナムは人口約１億人で、平均年齢は33歳。日本の平均年齢が49.9歳（2024年）であるのと比べれば、どれほど若い人たちが多い国かわかると思います。

　若者であふれる国ですから、**人材募集をすれば、瞬く間に30歳以下の人たちが集まってきます**。実際、私の組合で監理している人材の平均年齢も23、24歳です。彼らはいい意味でとてもハングリーで、お金を稼ぎたいという意欲にあふれています。日本に行けば稼げるという思いで応募してきますから、やる気も十分でとにかく元気です。
　また、人柄が素直で仕事熱心。とにかく一生懸命働きます。日本に来るために借金をしている人も多いので、いい意味でお金への執着が非常に強いのです。その分、多少嫌なことがあろうと投げ出したり、あきらめたりしません。また、**人との関係を大事にして、家族的な付き合いを好む傾向があるのも特徴**といえるでしょう。

インドネシアから日本の地方の建設業にやってきた、23歳のムハンマド君は、私が見てきた中でも特にやる気に満ちた若者でした。
　現地でも少し建設業の経験があったのですが、日本に来たばかりのころは、日本語がほとんどできず、職場の人から「大丈夫なの？」と不安の目で見られてしまっていました。
　ところが半年ほどたつと、自ら仕事を買って出るようになり、1年たったころにはいっぱしの職人として、仕事を任されるようになっていました。ムハンマド君の働きぶりを見て、その会社は翌年も数人の外国人を採用し、ムハンマド君が彼らのリーダーを任されるまでに成長したのです。

　私はよく、初めて外国人を雇う会社の方々に**「半年くらいは大目に見てやってください」**とお願いします。やはり日本の生活に馴染んだり、職場に慣れたりするのに、それくらいの時間はかかります。
　そして、こうも付け加えます。「彼らの多くは20代で、若くて体力も意欲もあって熱心です。**必ず巻き返してきますから**」と。

　日本人の中には、東南アジアの人たちはあまり働かないというイメージを持つ人がたまにいますが、それは誤ったものです。もちろん、一部にそういう人がいるのは事実ですが、それは日本人でも同じことです。**日本に働きに来る外国人のほとんどは、彼らが満足する条件さえ守っていれば、非常に熱心に真面目に働きます。**
　しかも、**全体として1つのことを突きつめていく職人的な気質も見られます。**こうした若者を日本で集めようと思っても、いまではまず集まりません。そもそも日本では、20代であっても、フレッシュさやエネルギーあふれる人が少ない印象があります。その点、**外国人なら、元気でフレッシュで意欲のある若者がすぐに集まる**のです。

6. 監理団体が窓口となってサポートするので安心

　初めて外国人を雇用するときは、ほとんどの方が2つの点でハードルの高さを感じます。

　まず1つ目が、**そもそもどうしたら「日本で働きたい外国人」を見つけられるのかわからない**ということ。そして2つ目が、**本当に外国人が自分の会社に来たとしても、問題なくやっていく自信がない**ということです。

　このようなとき、1つ目については「全部私たち専門家が進めますから大丈夫です」と言うと納得される方が多いです。しかし、2つ目については、「何か文句を言われても、自分たちではわからない」「いざというとき、言葉が通じないからなあ……」「日本に馴染めなくて、何か問題を起こされると困るな」など、なかなか不安は解消されないことが多くあります。

　しかし、**2つ目についても、本当に心配はいりません。**176ページで詳しく説明しますが、入国した外国人（技能実習生の場合）については、「監理団体」と呼ばれる機関が1人1人を常にケアし、チェックしています。仮にトラブルが起きたときには、監理団体がしっかりとサポートすることが定められています。外国人を連れてきたらそれっきり……などということは、まずありえません。

　また外国人が、問題というほどではない、ちょっとした誤解や悩み、不満を感じているような場合も、会社が直接対応する必要はありません。**外国人への対応は、監理団体を通じて行えば大丈夫**です。

ちなみに、よくある相談は次のようなものです。

1. 日本語の問題

「外国人の言っている意味がわからない」という話はよく聞きます。

そのような場合、外国人がスタッフとして働いている監理団体であれば、当事者と同じ国のスタッフが電話やオンライン面談をして、本人から直接事情を聞き、会社側に説明します。それで、ほとんどの問題は解決します。もちろん、監理団体に外国人スタッフがいなくても、外部通訳を通じて、話を聞くことはできます。

2.「給料を上げてほしい」という要望

この場合、基本的に会社側に判断を委ねます。監理団体が意見を差し挟むことはしません。ただ、給料のことで社長から相談を受けた場合は、他社事例などをもとにアドバイスをすることもあります。

例えば、2年目から多くの仕事を任せ始めた場合、「増えた作業量に応じて、昇給させてください」とか、「『〇〇ができるようになったら△円昇給』などといった、わかりやすい基準を伝えると納得してもらえますよ」といったことです。

3. 会社のルールがわかってもらえない場合

日本語がわからない人に日本のしきたりや慣習を説明するのは、難しいものです。この場合、言葉がわかる人が間に立って通訳をします。会社の人が頑張って説明しても、微妙なニュアンスが伝わりにくく、解決には向かいにくいでしょう。

私たちの場合、外国人を受け入れるときにするべきことはすべてリストにしてあります。その通りに準備してもらえば、心配なことは何もありません。安心してほしいと思います。

7. 求人広告費がかからないので採用コストが安い

　求人サイト『マイナビ』の調査によれば、2022年の新卒採用の求人費用は平均で約140万円、中途採用の場合は約128万円だそうです。ただしこの金額は"平均"ということであって、実際には企業規模によって相当な違いがあり、上場企業に限っていえば約400万円も必要になります。

　第1章で、年間に100万円の求人広告費をかけながらも、1人も採用できない建設業の会社の事例を紹介しましたが、全国には同じような会社が数多くあると思います。そして、その広告費が企業の大きな負担になっていることは確かでしょう。

　だからといって、ハローワークで求人をすると、確かにコストはかかりませんが、別の問題があります。
　ハローワークでの募集は年齢制限をしてはいけないので、若年層に来てほしいのに応募してくるのは50代以上の人ばかり、というように、自分たちの期待する人材と出会うことが難しいのです。

　そこで、外国人です。**技能実習生の場合には、採用に広告費は必要ありません。**送り出し機関を通じて安定して人材を確保できるため、広告費をかけずに人材を得られます。
　ただし、当然、無料というわけにはいきません。相応のコストはかかります。**技能実習生を1人受け入れるには、3年間でおよそ180**

万円が必要です。この中には、現地での送り出し機関への支払いや渡航費、さらに日本での受け入れ手続き費用などが含まれています。

「1人180万円？ 求人広告を出すよりも高いじゃないか」と思われるかもしれませんが、この金額で確実に1人は採用できるのです。むしろ、求人広告の場合、100万円であってもまったくの無駄打ちになってしまうことも少なくないことを考えれば、より確実性の高い投資ではないでしょうか？

しかも、技能実習生の場合、3年間は同じ会社で働くことが前提となっていますから、180万円を3年で割ると年間で約60万円。月換算で5万円です。

よく私が言うのは、**「給料に5万円上乗せするだけで、確実に若くて元気な人が雇えます」**ということです。しかも、外国人労働者は2年延長して5年間、働いてくれるケースも多いのです。**どうせお金をかけるなら、生きたお金にするべき**です。

5人雇うのに900万円かかる……と思うと、少し勇気のいることかもしれませんが、**人数が増えれば1人あたりの経費を下げることも交渉可能**です。

私の知っているある監理団体では、一度に60人の採用が決まったときには、1人約2万円で設定したそうです。

ここまでの人数を採用するケースは少ないかもしれませんが、コスト面で不安があれば、監理団体に相談してみてもいいでしょう。

いずれにせよ、これ以上求人広告にお金を使わないでください。

8. 外国人は残業大歓迎

　いま、日本で社員やパートさんに「急なお願いで申し訳ないけど、１週間ほど残業してくれるかな？」と頼んだとしたらどうなるでしょう？ 十中八九「無理です！」ときっぱり断られることでしょう。
　場合によっては、引き受けてはもらえたもののつらそうな顔で「残業させられてるなう」などとＳＮＳに上げられ、炎上しかねません。
　ところが、相手が外国人であれば、そのような心配はありません。ほとんどの場合、「もちろんＯＫ！」と言って満面の笑顔になるのです。信じられないかもしれませんが、事実です。

　東南アジアの国で採用面接をしているときによく現地の応募者から尋ねられるのが、「残業はありますか？」という質問です。
　これは、残業のある会社は避けたいという意味の質問ではありません。その逆です。
　「ありますよ」と言うと、満面の笑顔になります。実際に「残業あり」と明記された求人票には応募者が多く集まります。反対に「残業がない」「あっても少ない」と言うと、がっかり……とまではなりませんが、テンションが下がった感じが伝わってきます。
　日本人が大切にしたいのはゆとりや自分の時間ですが、**外国人の場合は「お金」のほうが大切**なのです。
　先に、外国人はお金へ執着が強いということをお話ししました。**日本に行く以上、１円でも多く稼ぎたい彼らにとって、単位時間あたりの時給が割高な残業は大歓迎**ということです。

受け入れ企業が、外国人がいてくれて特によかったと感じるのは、繁忙期です。例えば農業や水産物加工業などの場合、基本的に自然を相手にする仕事ですから、業務量の調整は難しく、どうしても"旬"の時期は忙しくなります。「収穫の時期だから仕方ないな」と思ってくれる従業員ばかりなら問題はありませんが、実際はそううまくはいきません。

　青森県にある、もずくの加工会社の例を紹介しましょう。
　この会社では、繁忙期は7月ごろとごく限られているのですが、子どもの夏休みと重なってしまうということで、残業を頼むと、社員にもパートさんにもいい顔をされません。やむを得ず、その時期だけ臨時でアルバイトを雇うなどしてしのいでいたものの、やはり効率が悪く、「何とかならないものか」と悩んでいました。
　しかし、外国人を雇ってからは状況が一変しました。繁忙期の残業だけでなく、パートさんが辞めてしまって人手が足りなくなったときも、外国人がすすんで残業して仕事をカバーしてくれたそうです。
　「外国人のおかげで、仕事量のことで心配することがなくなりました」と、その会社の社長はうれしそうに話してくれました。

　ただし、喜んで残業を受け入れてくれるからといって、**外国人を「都合のよい労働力」として扱うことはあってはいけません。**
　かつて、外国人労働者に過度な残業を強要し、賃金未払いなどの問題が発生して訴訟に至ったケースもあります。真っ当な労働環境と待遇を提供し、彼らの意欲を尊重しつつ、会社の一員として対等に接しなくてはいけないことは、言うまでもありません。
　基本的なルールさえ守っていれば、外国人労働者は、会社のピンチのときに頼りになる存在なのです。

9. 社内のコミュニケーションが活発化する

　昭和の大宰相・田中角栄は、人と会うと、こう言っていたそうです。「おい、メシ食ったか？」。

　人情味にあふれ、周囲をどんどん自分のファンにしていった田中角栄は、食事が自分自身のパワーの源であると同時に、コミュニケーションのきっかけになるということをわかっていたのでしょう。

　外国人と接するときも"食"が大切な役割を果たすことがあります。

　インドネシアやモンゴルから来た実習生が5人ほど働いていた、ある冷凍食品の製造工場での話です。

　いつのころからか、毎月、工場の従業員全員に、彼らが祖国の料理を振る舞う食事会が恒例になりました。

　こうした場では、言葉の壁を超え、出身地や文化についての会話が生まれます。しかも、それまで職場であまり交流がなかった日本人も、外国人から誘われた食事会や、あるいは外国人も参加する飲み会には参加するという人が多くなり、次第に日本人従業員同士も楽しげに交流するようになってきたというのです。

　「同じ釜のメシを食った仲間」という言葉がありますが、**同じものを皆で食べると、仲間意識がわくもの**です。

　食べ慣れた日本食ではなく、見たこともない料理を皆でワイワイ言いながら食べる様子は、想像しただけでも楽しそうですよね。

　また、このように**社内コミュニケーションが活発な場合、外国人の日本語の習得が早くなる**といったメリットもあります。

仕事の場では、普段あまり話したことのない相手に質問をするのは、日本人同士でも気を遣うことが少なくありません。日本語がうまく話せない外国人だったらなおさらです。
　頭の中では、「こんなことを聞いて怒られないだろうか？」「そもそも自分の言いたいことは伝わるんだろうか？」など、不安が渦巻いています。
　しかし、食事会というプライベートな場で、ざっくばらんにコミュニケーションをとったことがある相手なら、仕事の場でも緊張することなく話しかけることができるでしょう。
　日本人同士でも、飲み会で話したことがある相手には気を許しやすいですよね。あれと同じことです。
　文化の違いからくる「わからないこと」は、一見、壁になりそうでいて、考え方や場面次第では、人間関係を作るきっかけになるのです。

　また、実習生が加わったことで、日本人の間で「どうすれば彼らを効率よくサポートできるか」といった話し合いが増えて、**先輩や上司が情報を共有し合うといった動きも生まれる**ようです。
　特に製造業や建設業など、さまざまな年齢層が働く職場では、世代によってグループも分断しがちです。それが外国人との交流を通じて、世代や役職を意識することなく協力しやすくなる、とはよく聞くことです。

　私の印象ですが、**外国人と積極的にコミュニケーションをとっている会社は、どこも業績が好調**です。
　外国人は労働力不足を解消するだけでなく、社内にある課題を解決する起爆剤にもなってくれるかもしれません。

10. 新しいサービス創造の可能性が生まれる

　外国人を雇用して会社が変わる可能性があるのは、コミュニケーションに関することだけではありません。実は、**グローバルなビジネスチャンスをつかめるケースもある**のです。
　よくあるのが、さほど海外との取引や海外展開には興味がなかった社長が、外国人を採用したことでその国に興味を持つという場合です。

　大阪にあるアパレルメーカーの例ですが、ベトナム人の技能実習生たちから、立ち話ついでに現地の歴史やトレンドについて聞いた社長が、好まれる生地やデザイン、商品ラインナップが自社商品と非常に親和性が高いことに気づきました。「これはもしかしたら……」と思い、知人を通じて現地でテスト販売を実施したところ、非常に好評だったため、「これはいける！」と判断。本格的に現地での販路拡大に乗り出したそうです。

　また、ある水産加工会社では、インドネシア人の技能実習生から「インドネシアでは大きなイカが獲れる」という話を聞いてピンときた社長が、その話をさっそく日本の大手回転すしチェーンに持ち込んだところ、大量に買い付けてもらう契約を獲得できたそうです。味に問題がなく、しかも、キロあたりのコストが日本で獲る場合の数分の1で収まるという点が高く評価された、ということでした。

　このように、**外国人の採用は、新しいビジネスを生むきっかけとな**

ることが珍しくありません。

　反対に、**日本にやってきた外国人によって、日本市場での新たな商機に気づかされることもあります。**

　埼玉県にある中堅のとび会社の話ですが、最近、足場の調達コストが上昇していることに頭を悩ませていました。
　当然、足場がなければ仕事が始まりませんが、調達コストが上がったからといって料金に反映させるのにも限度があります。次第に利益が圧迫されるようになり、それをカバーするために受注を増やし……という、薄利多売状態になっていたのです。
　そのようなとき、入社したベトナム人から「自分が母国で働いていた現場では、ずっと安い足場を使っていた」という話を聞いた社長。さっそく彼のコネクションを使って、現地の業者と契約を結び、安価での足場の調達に成功したといいます。それにより、コストをもとの水準に戻すどころか、以前よりも下げることができたと喜んでいました。

　しかも、外国人がもたらすビジネスのメリットは、このように直接的なものばかりではありません。意外にも、**日本人の採用がしやすくなるという一面もある**のです。
　どういうことかというと、企業がＳＮＳを通じ、外国人が楽しそうに働く姿を発信することで、「多様な人がいる職場で働いてみたい」という日本人の求職者が増える効果があるのです。**まさに、ダイバーシティの体現**です。
　外国人を雇用することが、その会社の特徴や個性となって知られ、採用にもよい影響を及ぼすという点は、中小企業にとっては願ってもない効果ではないでしょうか。

販路拡大や、新しいサービスの創造、さらに日本人の採用にまで弾みがつくなど、**外国人の採用には、さまざまな副次的な効果が見込める**のです。

第3章

どうしたら中小企業が外国人を雇えるか?

　初めて外国人を雇用する場合には、何から着手して、どのような手続きを踏めばいいのか、わからない方がほとんどでしょう。

　一見、非常にハードルが高いように感じられるかもしれませんが、基本的には、最も困難な役所の手続きや外国とのやり取りはすべて「監理団体」や「登録支援機関」と呼ばれる団体に依頼することになります。

　雇い入れる企業側でやるべきことは、採用候補者の面接や、外国人が来日した後の生活基盤を整えておくことなので、多少の手間はかかるものの、特に難しいことはないのです。

　そこで本章では、外国人の採用が決定してから、実際に就労するまでの流れを説明していきます。

1. 外国人技能実習生と特定技能外国人の違いとは

　ここまで、外国人を雇用するメリットをお伝えしてきました。

　ところで、一口に「外国人」といっても、実は在留資格、つまりどのようなビザを持っているかによって、法律で認められている仕事内容や就業形態に違いがあります。そして、もし違反があった場合には「不法就労」となり、処罰の対象となります。

　そのため、外国人を雇用する場合、在留資格は最重要ポイントなのですが、**一般企業の方がビザの種類や法律を熟知している必要はありません。**専門家に頼めば、少なくとも法令違反は起こらないからです。

　ここでは、初めて外国人雇用を考えた場合、比較的よく耳にするであろう在留資格について簡単に説明します。

　それが、「外国人技能実習生」（以下「技能実習生」）と「特定技能外国人」（以下「特定技能」）です。

　まず、**技能実習生は「日本の優れた技術や知識を学び、それを母国の発展に役立ててもらうために、日本で働いている外国人」**です。ですから技能実習生は、その名称の通り、厳密には「労働者」ではありません。

　技能実習生の特徴は、仕事や技術を学ぶには一定期間、同じ場所でじっくりと仕事を覚え、技術を身につける必要があるという考え方から、**原則として転職が禁じられている**ことです。

また「技術を身につける」という観点から、**従事できる分野も、農業、漁業、製造業、建設業などの分野に限られています。**

なお、技能実習生は、後で紹介する「特定技能」とは違い、必要となる日本語力の基準が特には定められていないため、極端なことを言えば、誰でも実習生になることができます（実際には厳しい選考があるので、そのようなことはありません）。

技能実習生の数は毎年増加しており、2024年10月には42万人を超えました。今後も増えていくことが予想されています。
そして、技能実習生を採用したいと思ったら、通常は「監理団体」と呼ばれる非営利機関を通して手続きを進めます。

それに対して、**特定技能は、国内の労働力不足を解消するための即戦力として期待される外国人**です。労働者としての扱いですから、別の職場から転職してきてもらうこともできます。
ただ逆の言い方をすれば、現状よりももっといい条件の職場が見つかった場合、退職されてしまう可能性もあるということです。特定技能の場合、待遇や労働環境については、技能実習生の場合よりもシビアに考えておいたほうがよいでしょう。

技能実習生に比べ、**特定技能のビザの取得は若干ハードルが高くなります。**日本語の能力としては、日本語力試験で一定以上の成績（日本語能力試験でＮ４レベル以上）が必要で、さらに業種ごとに評価試験も設定されています。
そして、**従事できる業種は技能実習生よりも多く、宿泊業や介護分野など人手不足が深刻とされる12業種**です。

余談ですが、居酒屋で働く外国人は、技能実習生でしょうか？　それとも特定技能でしょうか？

「居酒屋の店員なら専門的な職業知識がなくても大丈夫そうだし、技能実習生かな？」。

　そう考える方が多いのではないかと思いますが、実は、技能実習生に居酒屋の店員はできません。技能実習生は技術を身につけるための在留資格です。居酒屋で働くのは純粋な労働であり、技術を学ぶことにはつながらないので、技能実習生には認められないのです。したがって、居酒屋で働く外国人は特定技能です。

　最近では、日本で技能実習生としての経験を持つ人が、外食業に就きたいからと特定技能としての在留資格を取り、日本の外食業で働こうとする人もいます。こういう人の場合は、日本語にも日本での生活にも心配がないので、即戦力として雇用したくなりますが、その分、高い給料を求める傾向があります。およそ、技能実習生の４年目くらいの給料を支払う必要があると考えておいてください。

　ちなみに、**特定技能には、「特定技能１号」「特定技能２号」という２つの資格があります。**

　両者の違いのうち、雇い入れる企業にとって影響があるのは、在留期間の違いでしょう。**特定技能１号で認められている在留期間は通算で５年間**ですが、**２号は更新を続ける限り無期限**で、しかも家族を呼ぶことができます。

　しかし、２号の在留資格を得るには、日本語能力試験でＮ３レベル以上が必要で、さらに難易度の高い技能検定を受けて合格する必要があります。非常にハードルが高いのです。

　そのため、**ほとんどの特定技能は１号で、２号はほんの一握りとい**

うのが実情です。

　2024年6月の時点で、1号の資格者が約25万1000人であるのに対して、2号はわずかに150人ほど。どれだけレベルの差があるかがわかるでしょう。

　特定技能は、海外から来てもらうことも、日本国内で募集することも可能です。

　最近では、外国人技能実習制度を修了した外国人が、日本での就労を継続するために、特定技能に移行するケースが増えています。移行によって技能実習より高い給与水準が期待でき、さらに5年間という長期的な滞在が可能になるからです。

　しかも、技能実習生から特定技能に移行する際には、日本語の試験や技能試験が免除されるので移行のハードルが低く、また、日本での生活実績があることから早期に特定技能の資格が得られるというのも有利な点です。

　特定技能は労働者ですから、日本企業が直接、採用することもできます。もっとも、関係官庁へ提出する書類作成やその他の手続きが複雑であり、さまざまな厳しい要件があるため、実際に雇用する際には「登録支援機関」という専門家に任せたほうがよいでしょう。

　2つの在留資格にはこのような違いがあるのですが、どちらの資格であっても、とても熱心に仕事に取り組んでくれることは共通しています。

2. 就労までの流れを把握しておく

　ここで、外国人が就労にいたるまでの大まかな流れについて、技能実習生の場合を例に、おさらいも兼ねて説明しましょう。

　日本人相手の採用なら、内定を出して、「では来月から来てください」で終わります。しかし、**外国人の場合は、採用を決めてから実際に働き始めるまでに、およそ半年かかります。**

　「ずいぶん時間がかかるな」と思うかもしれませんが、外国人が日本で働くためには、さまざまな申請や許可、ビザの取得等が必要で、どうしてもそれだけの期間がかかってしまうのです。

1．ヒアリング

　技能実習生を採用しようと思ったら、まず日本の監理団体に相談に行きます。そして監理団体と、企業側の要望や受け入れのための必要条件などを確認します。例えば、採用したい人数、希望する国籍などを確認するほか、給料の相場などについて相談し、採用のための最低限の条件を明確にします。これをもとに、企業と監理団体とで契約を交わします。

2．求人票作成

　企業の要望をもとに、給与額や労働条件などを盛り込んだ求人票を監理団体が現地の言語やフォーマットで作成します。そして、求人票が完成したら、現地で応募者を集める"送り出し機関"という組織に送付します。

3．候補者募集

　求人票をもとに、送り出し機関が候補者を募集します。募集情報は日本語学校などに伝えられるほか、送り出し機関が独自のネットワークを活用したり、地方の人材ネットワークや、親戚を通じて集められることもあります。募集期間は約2週間で、通常、募集人数の2～3倍の人が集まります。

4．面接

　募集期間の終わりごろ面接日が決定し、企業の担当者には、現地に行くかオンラインで行うかを選択してもらいます。私は基本的に、現地まで来てもらうよう、お願いしています。

　現地では通常、1日目は現地の送り出し機関との打ち合わせや食事会が行われ、2日目に面接の本番となります。

　面接のスタイルは、各社の希望によってさまざまです。1人1人とじっくり話をするケースもあれば、グループ面談になることもあります。

　また、募集する企業によっては、簡単な技能テストを実施する場合もあります。例えば、建設会社なら軽い体力テストを受けてもらったり、縫製会社ならミシンを使っていくつかの縫い方をしてもらったり、といったことです。そのため、半日で終わることもあれば、たっぷり1日かけて行われることもあります。採用人数が多いと2、3日かけて面接することもあります。

　誰を採用するかは、その場で企業の担当者に決定してもらうのが原則です。該当者がいないということにはならないよう、協力してもらいます。

5．監理団体による書類作成、ビザ申請

　採用者が決定したら、監理団体が必要書類を準備し、外国人技能実習機構や出入国在留管理庁といった機関に申請を行います。外国人技能実習機構へは申請準備に1か月、許可が下りるまでに2か月ほどかかり、出入国在留管理庁へは申請に約1か月かかります。

　同時に、現地でビザ申請を行います。取得までには、通常2週間から1か月ほどかかります。

6．入国（約5～6か月）

　最初のヒアリングから約5～6か月後、現地での講習が終了してビザが取得できたら、送り出し機関と監理団体が在留資格などの法的要件を満たしているかを最終確認した後、日本に向けて出発、そして入国です。空港への出迎えには、監理団体のスタッフが行くのが通例で、企業の担当者が迎えに行くことはほとんどありません。そして入国したら、監理団体がそのまま講習センターまで送り届けます。

7．入国後講習（1か月）

　入国後、採用者は講習センターで1か月の研修を受けることになります。内容としては、日本語や労働基準法をはじめとした法律、交通ルールなどの勉強です。そのほか消防訓練なども行い、日本での生活に必要な知識を身につけてもらいます。またこの期間に、必要な技術についての講習を行うこともあります。企業によっては担当者がセンターに足を運んで直接技術を教えたり、面談をしたりするケースもあります。

8．住居の準備

　就労前に、企業には住居を準備してもらいます。たまに外国人の入

居を拒否する大家さんもいるので、住居の確保には早めに動くことが重要です。また、家電や日用品は企業側が揃えなければならないので、ある程度の手間と時間がかかります。必要なものは監理団体がリストで提示するので、特殊なもの以外はリストにしたがって用意すれば大丈夫です。

なお、これらの経費は企業側の負担となります。地域や条件にもよりますが、2人用の住居として2DKの物件を借りたとすると、必要なものを揃えるためには、初期費用を含めて50万円ほどかかります。

9．就労開始

すべての研修を終えて企業側の準備も整ったら、正式に就労します。このときには、日本人を採用する場合と同様、社会保険や雇用保険の加入手続きを行い、銀行口座を作ることになります。

また、住環境について、入居に合わせて説明・指導をします。具体的な内容としては、自室の家電の操作方法や、ゴミ出しのルールなどです。

そして最後に、監理団体によるチェックで問題がなければ、受け入れのプロセスは無事完了です。

以上が、技能実習生を雇用する場合の大まかな流れとなります。**4**から**6**までの間がずいぶん長いように感じられるかもしれませんが、**採用が決まった人材はその間、研修施設の寮で朝から夜まで、日本語の勉強を中心にさまざまな研修を受けています。**

その研修カリキュラムはすべて制度上規定されているもので、入国するまでに修了する必要があるものです。

外国人は採用が決まってからも、決してのんびり過ごしているのではなく、忙しい毎日を送っているのです。

3. 重要な相談相手である監理団体の選び方

　技能実習生の場合を例に、就労にいたるまでの流れを説明しましたが、中小企業が初めて外国人を雇用する場合、**もっともやりやすいのは、やはり外国人技能実習制度を活用すること**だと思います。前項で説明したように、監理団体にほぼ丸投げ状態で、制度的に必要な手続きが完了するからです。
　そうした監理団体は、日本には約3800あります。技能実習生の総合支援機関である、国際人材協力機構（ＪＩＴＣＯ）のホームページに一覧が掲載されているので、関心のある方は見てみてください。
（国際人材協力機構：https://www.jitco.or.jp/ja/jitco/index.html）

　「3800もあったら、どの団体を選んだらいいのかわからない」という場合は、**すでに外国人を雇用している会社に、監理団体を紹介してもらうのが、間違いが少ない方法**です。
　実際、私のもとに相談にくる企業の方も、ほとんどが紹介です。
　初めての外国人採用ということで不安を感じている場合でも、すでに知り合いとつながりがあり、実績もある団体なら、安心して任せることができるでしょう。
　といっても、近所に外国人を雇用している会社がないなど、紹介してくれる人がいないというケースもあります。その場合、インターネットでコツコツと情報収集を進めることになりますが、見極めのポイントをいくつか紹介しましょう。

まず第一に、**地理的に自社との距離が近いこと**です。

距離が近ければ、トラブルが発生したときに迅速に対応してもらえます。まずは自社の周囲にある監理団体から絞り込んでいきましょう。

次に、**SNSを活用した情報発信をしていること**です。

SNSで熱心に活動内容や実績を公開している団体は信頼性が高く、また、情報発信の頻度が高いほど、何かあった場合にも迅速な対応が期待できます。

3番目は、**通訳ができるスタッフを自前で雇っていること**です。

多くの監理団体は外部通訳を利用していますが、それでは企業と外国人との間でトラブルが起きたときの対応に時間がかかってしまいます。しかも、対応が事務的になってしまう点も否めません。その点、自前の通訳がいればトラブルもスピーディに解決できるうえ、外国人と企業の双方に親身になって相談に乗ってくれます。なお、通訳の問題は重要なので、172ページで後述します。

そして、そこまで絞り込んだら、**各団体の相見積もりを取ってください。**その際、**サポート内容や、得意としている分野や国を確認しましょう。**建設業が得意な団体もあれば、農業に特化した団体というのもあります。また、インドネシアに強い団体、ベトナム人材が豊富な団体などの特色もあります。自社のニーズに合った団体かということも、見積もりと合わせて検討してください。

そして最後のポイントは、**担当者との相性**です。

いったん依頼すれば、最低3年間は付き合いが続きます。「この人なら信頼できる」「なんでも相談できそう」と思える人がいる監理団

体に決めることが肝心です。

　少しくらい見積もりが安くても、担当者との相性が悪かったら、せっかく来てくれた外国人も安心して仕事に打ち込むことができません。

　いくら世の中が高度にデジタル化しても、外国人の採用でカギになるのは、担当する人。**実はアナログな感覚が大切**なのです。

4. 面接は直接海外まで行くのがおすすめ

「メラビアンの法則」をご存じでしょうか？

アメリカの心理学者アルバート・メラビアンが唱えたもので、「人は他人とのコミュニケーションにおいて、言語から7％、言語以外から93％の情報を受け取っている」という法則です。

言語以外のコミュニケーションとは「ノンバーバルコミュニケーション」と呼ばれます。ジェスチャーや視線、話の抑揚、さらには体重や身長といった体つきなど、言葉以外から受ける印象のことです。

対人関係において、**メラビアンの法則を重視するべきケースの1つが「採用面接」**です。

外国人の面接は、距離や時間的な制約からオンラインで実施せざるを得ない場合もありますが、私はリアルでの面接をおすすめします。

具体的には、日本企業の方がベトナムやインドネシアなどにおもむいて、志望者と現地で直接会って話をするのです。

そのときには私も同行して、面接のアシストをします。

面接の段階では、志望者は自己紹介以外、ほとんど日本語を話せません。後の質疑応答は通訳を介して現地の言葉で行うため、日本人同士の面接と比べて時間がかかり、全体を通して最低でも1時間30分ほどはかかります。

メラビアンの法則が示すように、言語によるコミュニケーションは、ほんの数％です。必要な話が十分にできない以上、言語以外の部分で

相手を知ることが非常に重要です。だからこそ**面接は、現地で直接会って実施するべき**なのです。

　先日も、外国人を採用したいというあるメーカーの社長に同行し、ベトナムの首都ハノイに行きました。
　面接場所は、ハノイから車で１時間ほどの、野菜畑の中にポツンと建っている学校。現地の送り出し機関から紹介されたのは、やせ型で幼い顔立ちの、20歳の元気な青年でした。
　まず、外国人の自己紹介から始まります。次に企業側からの質問が続きます。その中で彼は「６人兄弟で、生活が大変。お金を稼ぎたい。家族に家を建ててあげたい」と、切々と訴えてきました。
　通訳を介してではありますが、真剣さはしっかりと伝わってきます。私は社長に「この青年は真面目に働きますよ」とアドバイスしました。

　ちなみに、外国人を面接する場合は、日本の就活のように「合否は改めて連絡します」ということはせず、**その場で採用者を即決します。**また、面接をしてみて「いい人がいなかったから今回はパスで」ということもできません。
　だからこそ**現地に行って、働き手である本人の雰囲気をつかんでおくことが大切**なのです。

　面接終了後、社長が「うちで働いてください」と本人に伝えると、青年はガッツポーズをして大喜びしていました。中には、採用が決まるとうれしくて、その場で泣いてしまう人もいます。
　喜怒哀楽が露わになったときに、人間の本性が出ます。
　ただこれは、現地に行かないとわかりません。だから必ず、現地に行くことをおすすめしているのです。

5. 法令遵守が何よりも重要な理由

　技能実習生は、原則として3年間は同じ会社で働かなければならない決まりになっているということは、前にお伝えしました。
　しかし、よほどの理由がある場合には、辞めることができます。「よほどの理由」とは、勤務先が倒産してしまったとか、あまりに給料が安い、労働環境や住環境が劣悪、といったことです。

　そのような場合、通常の転職ではなく、「転籍」をすることになります。技能実習生が転籍をするには、まず監理団体に相談したうえ、外国人技能実習機構に申請をし、認めてもらうという手続きが必要になります。しかもそれが認められるまでには、一定の期間がかかります。
　というのも、技能実習生の多くは日本語が得意ではないため、受け入れ先になる会社がなかなか見つからないからです。

　そのため、**現実的には、「よほどの理由」を抱えた技能実習生は、会社を辞めるのではなく、失踪という選択をするケースが多い**のです。

　そうならないためにも、企業側は、労働基準法をはじめとする法制度や、契約上のルールを適切に守る必要があります。

　ところが、おそらくまったく悪意のないままに、法律に違反してしまっている会社が多い業界があります。

その代表格が建設業界です。建設業界では昔から土曜日に働くのが慣習であり、月〜土の6日出勤という会社が珍しくありません。
　ところが、その慣習が労働基準法に引っかかることを知らない業界関係者も多いのです。

　どういうことかというと、建設業界では1日7時間勤務が基本なので、週6日働くとトータルで1週間42時間の勤務となります。
　しかし、労働基準法では、1週間の勤務時間は週40時間までと規定されています。それを超えて働かせると、罰せられることもあり、また追加の労働について25％の割増賃金を支払う義務もあります。
　ところが、この残業代を払っていない会社が意外に多いのです。

　外国人技能実習制度は国が定めた制度ですから、法律の遵守は絶対です。そのため、監理団体は1か月に1回の巡回と、3か月に1回の監査を行います。そこで労働基準法が守られているかどうか、受け入れ企業の勤務実態などをチェックするほか、トラブルが発覚した場合には、外国人技能実習機構による臨検と呼ばれる調査が入ります。
　そして違反がわかれば、改善命令が出され、それでも改善しないと受け入れ停止処分を受けてしまいます。

　その指摘を受ける頻度が高いのが、残業代の未払いなのです。
　実際には、法律を知らずうっかり未払いになっている会社がほとんどです。単純に法的知識が不足しているだけですが、技能実習生を受け入れるには、法令に従って見直してもらうことになります。

　厳しく感じるかもしれませんが、私がお付き合いをしてきた会社の多くは、法令遵守をポジティブに受け止めてくれています。「これま

で知らなかったことを教えてもらえてありがたい」と言われることがほとんどなのです。それをきっかけに経営改善に取り組む社長も少なくありません。

　法律は、年々変更されていくものですから、会社が見落としてしまうこともあります。**外国人の雇用は、社内ルールをアップデートする絶好の機会**です。
　そして法律を守る会社は、会社としての信頼性も高まり、競争力の向上にもつながります。

第4章

外国人が働きやすい環境づくりとは

　外国人労働者を受け入れる際、企業側の基本的な考え方や心構えは、日本人の新入社員を受け入れる場合と大差ありません。
　しかし、言葉や生活習慣などの違い、法で定められていることなど、外国人特有の注意点もあります。
　本章では、「これだけはやっておいてほしい」受け入れの準備を説明していきます。

　外国人には、日本で働くのはもちろん、日本に足を踏み入れるのも初めて、という人も少なくありません。労働意欲は高いものの、慣れない海外暮らしで不安なこともたくさんあります。
　そのような心配事をできるだけ取り除き、安心感を抱いてもらうことが大切です。

　もしかしたら「こんなことまでやる必要があるのか」と思うこともあるかもしれません。しかしそれは、外国人の持つ高いポテンシャルを引き出すために必要な投資なのだと思い、取り組んでください。

1. 張り紙やメッセージボードを設置する

　非常口やトイレ、バスやタクシー乗り場などの場所を示すピクトグラム。文字が書かれていなくても、絵柄を見るだけでその意味するところを理解できる、とても優れたコミュニケーションの方法です。
　実はこのピクトグラムの発祥は、1964年に開催された東京オリンピックだそうです。多言語表示などなかった当時、来日した外国人が言語に頼らずオリンピック競技を直感的に理解できるよう、誕生したのが、競技の特徴を端的に表現したスポーツピクトグラムだったのです。

　日本で働き始めた外国人に正確に情報を伝えるためには、ピクトグラムの考案者のような「どうしたら理解してもらえるか」という視点が不可欠です。そこで**おすすめしたい対策は、日本語と外国人の母国語を併記したメッセージボードの設置**です。
　スーパーやコンビニのレジに「両替はお断りします」と書かれた日本語に、英語、中国語、韓国語などが併記されているボードがあるのを見たことはないでしょうか？
　イメージはあのボードです。職場で守るべきことや注意事項、作業に必要な手順などを、日本語と母国語でボードや張り紙に書き、それを必要な場所に設置しておくのです。
　すでに職場、特に工場の中などに「安全第一」や「土足厳禁」、「さわるな危険」といった日本語の張り紙をしている会社は多いでしょう。**そこに、働いている外国人の母国語を付け加えるイメージ**です。

先日も、ネジの製造工場を訪問したとき、危険区域に入ってしまった外国人が注意されている場面に出くわしました。「日本語がわからなかった」と弁明していたので、「ここに**彼の母国語で張り紙をしてもらえますか？** そうすればもう近づかないと思います」と工場の責任者にお願いをしました。
　すると「そこまでする必要がありますか？ 一度言えばわかると思いますが」と、意外そうな顔をされたので、こう伝えました。
　「彼らはまだ日本語があまりわからないので、言葉で一度伝えたくらいではすぐに忘れてしまいます。少し手間かもしれませんが、**母国語で注意事項を書いておけば同じ間違いはしません**」。
　「うーん、でも彼の国の言葉がわからないし……」。
　「それは大丈夫です。日本語のメッセージを教えていただければ、こちらで翻訳します」。
　「そうですか。そこまでしてもらえるなら……」。
　責任者の方は渋々といった表情でしたが、了承してくれました。

　そして3か月後、その工場を訪ねると、「高温危険」「この下にものを置かない」など、いろいろな張り紙がしてありました。
　責任者の方に「たくさんのメッセージを貼っていますね」と声をかけると、「自分たちが『ここは注意したほうがいいな』という個所に加えて、実際に危険があった場所に張り紙をするようにしたんです。そのおかげか、最近ではトラブルもほとんどなく、作業もスムーズです」と笑顔で話してくれました。

　東南アジア諸国では、学校に数多くの張り紙が貼られています。そういう環境に慣れていることもあり、このような**張り紙は、外国人にとって安心して働くための重要な情報になる**のです。

2. 寮は4.5平方メートルに1人

　私は懐メロが好きなのですが、1970年代に流行った『神田川』という楽曲をご存じでしょうか？　同棲している男女の恋愛を描いた歌で、その中に「3畳ひと間の小さな下宿」という歌詞が出てきます。3畳の部屋に2人で暮らすのはかなり窮屈だと思いますが、当時では珍しいことではなかったのでしょうね。

　時は流れて令和の世になりましたが、**外国人を雇おうとする企業にとっては、「3畳間」は重要なキーワード**です。
　というのも、外国人を雇い入れたら、企業側は寮としてアパートなどを用意する必要があります。そのときに**最低限確保しなければならない広さが1人あたり4.5平方メートル、およそ3畳**なのです。
　現在はさすがに3畳間のアパートはそうそうないので、2DKや3DKのアパートを数人の外国人でシェアしてもらうことになります。
　しかし、中にはそのような認識がない社長もいます。

　以前、東北地方の建設会社の社長から「外国人を雇いたい。寮も完備しています」という相談を受け、現地に視察に行ったことがあります。そこで「こちらが寮です」と紹介されたアパートは、6畳間に2段ベッドがびっしり並んでいて、絵に描いたような違法状態でした。
　「この寮だと、受け入れは無理ですね……」。
　そう言うと、社長は「外国人労働者は、これで大丈夫なんじゃないですか？」と不思議そうな顔をしました。

結局、その会社からの依頼はお断りしたのですが、もし日本人を求人するのであれば、もっとまともな住環境を整えていたでしょう。**相手が外国人でも同じ**です。

また、外国人のほとんどは、初めて日本に来る人たちです。私は彼らのストレスを少しでも減らすために、「誰と同じ部屋がいいか」「どうしてその相手がいいのか」を事前にヒアリングします。

「出身地が同じだから」「現地での寮生活のときに仲が良かったから」など、相手選びの理由はさまざまですが、彼らの感情に考慮して相部屋にすることで、ストレスからくる無用のトラブルを防ぐことができます。

ちなみに、**住まいに関するトラブルでもっとも多いのは、ゴミ出しの問題**です。特に、分別が難しいようです。

例えば、2024年、東京都ではプラスチックとペットボトルは分別することになりました。そのことを外国人に伝えると「どちらもプラスチックなのにどうして？」と聞かれます。ほかにも「日本では牛乳パックと雑誌は一緒に捨ててはいけない」と言うと「同じ紙なのにどうして？」と返ってきます。別々に分けることで資源として再生されることを丁寧に説明すると、相手も納得してくれます。

ただ、このような細かいルールは、なかなか伝え方が難しいものです。そこで技能実習生の場合であれば、監理団体が通訳を入れて説明し、しっかり理解してもらうようにしています。

1人あたり3畳という、決して広くはないスペースで始める日本の生活。『神田川』では、恋人たちは悲しい別れを迎えることになりますが、外国人にはそのような思いをさせたくないものですね。

3. 家電など生活用品は最初から揃えておく

　日本人なら知らない人はいないであろうアニメ、『サザエさん』。世界一の長寿アニメ番組として、ギネスブックにも掲載されているそうです。その舞台となる磯野家には、一通りの電化製品は揃っていますが、令和の視点から見ると、明らかに足りないものがあります。
　それはWi-Fiです。
　そのためか、ＳＮＳ上では「磯野家でWi-Fiを使えるようにしよう」という話題がエンジニアの間で盛り上がり、最終的には導入に向けた仕様書までできたそうです。令和になって、Wi-Fiのない家はおかしいというユーモアなのでしょう。

　ところが、外国人の住居を用意する際にも、「Wi-Fiは必須」とは認識していない、高齢の社長がたまにいます。大画面のテレビはあるのにWi-Fiをつけるのを忘れて外国人を迎えたところ、大クレームが来たという話を聞いたことがあります。
　日本に働きに来る外国人の多くは20代で、完全なネット世代ということもありますが、Wi-Fiが必須な理由はそれだけではありません。**母国の家族と連絡をとるため**です。
　上記のクレームの件も、日本での住まいが決まったことを家族に報告しようとしたところ、Wi-Fiがないことがわかったそうです。
　このようなことがないよう、私が受け入れ企業に渡す備品チェックリストでは、Wi-Fiは必須としています。反対に、テレビは必須にはしていません。

外国人を迎え入れる際には、この備品チェックリストの通りに生活用品や電化製品を揃えてもらえば、まず問題はありません。

やってはいけないことは、「必須」としてあるにもかかわらず「これはいらないだろう」と勝手に判断してしまうことです。

例えば**自転車は、外国人にとって大切な移動の足**です。

職場から近い場所に住居が確保できなかった場合、日本人なら自動車で通勤することも考えられますが、外国人ではそれは現実的ではありません。だからといって、歩き通せというのも無理難題です。そこで、通勤や買い物などの足として、自転車は必需品となるのです。

また、**キッチン用品も必須**です。キッチンが充実していると、外国人はとても喜びます。

それは、外国人が倹約のために自炊をするということもありますが、男性も女性も料理が好きな人は多いですし、やはりお国の料理が食べたいからです。また、昼もお弁当を用意する人が多いので、弁当箱も水筒も必須となっています。

あと、**部屋はできるだけきれいで清潔な状態にしておいてください。**
高い家賃の豪華な部屋である必要はありませんが、壁がはがれていたり、ホコリがつもっていたり、そこかしこに汚れがあったりするような部屋では、労働意欲にも影響が出ます。

外国人にとって、日本は憧れの国。せっかくならきれいな部屋や充実した家電、キッチンを用意してあげましょう。**住環境のよさは、働く意欲に直結します。**

4. 食事は外国人が自分たちで作る

　関西出身の人が初めて東京でうどんを頼むと、必ず驚きます。中には「こんなものが食べられるか！」と怒り出す人もいるそうです。というのも、うどんのつゆが妙に濃い色をしているからです。

　これは、関西と関東では使っているしょう油が違うことが理由です。関西は薄口しょう油ですが、関東は濃口しょう油なので、つゆの色が違うのです。さらに出汁を取るのに使うのも、関西は昆布ですが関東は鰹節なので、見た目だけでなく味も違います。

　駅の立ち食いそば店の中には、関西風と関東風を選べる店もあるくらい、同じ国に住んでいても、慣れ親しんだ味の好みはそれぞれ違います。

　このような味についての感覚は、外国人もまったく同じです。
　彼らが節約のために自炊をすることが多いのはお伝えしましたが、食事の味付けの違いがトラブルの発端になるケースもあるほどです。
　そのため、**部屋決めをする際には、同じ国の人が1部屋をシェアするように配置します。そして、自分たちの口に合うものを作ってもらう**というわけです。
　そもそも、国が違ったらメニューそのものが違いますから、関東と関西の違いどころではないでしょう。

　ちなみに外国でも、同じ国内でも地域によってまったく味付けが違うことがあります。例えばベトナムだと、南側の料理は甘く、北側の

料理はしょっぱい味付けです。

これは、南側ではフルーツが豊富に採れるので、味付けにフルーツを使った料理が多いからだそうですが、しょっぱい味で育った北側の人には、なかなか口に合わないでしょう。

通常、複数人で生活することになる外国人には、料理や掃除、ゴミ出しなど、**それぞれで得意なことを役割分担しながら共同生活を送ってもらいます。**例えば、料理の得意な人が料理担当になり、全員分の料理を作る代わりにほかの人が掃除当番やゴミ出し当番をする、という部屋もあれば、曜日ごとに料理当番が変わる、というやり方をしている部屋もあります。

そのあたりは部屋ごとに自由にやってもらえばいいのですが、**この分担制が何かとトラブルのもとになることもあります。**

例えば、ある日の料理当番の人が急に体調を崩して、調理ができなくなったような場合、別の人が「なんでまた自分が料理をしなければいけないんだ」と不満に思うこともあるでしょう。

また、料理も几帳面に作る人もいれば、がさつなタイプもいます。こうした小さなズレの積み重ねが、やがて亀裂になっていきます。

それがトラブルにまで発展し、会社から支援団体に相談が来ることもあります。そのときには必要なアドバイスはしますが、正直なところ、感情のもつれは本人同士で話し合って解決してもらうほかありません。

事態がそこまでにならないよう、**外国人が相談しやすい雰囲気を普段から作っておくのがベター**でしょう。

5. 外国人にも保険加入の義務がある

　よく「外国籍の人は社会保険や雇用保険は不要ですよね？」という質問を受けますが、それは違います。**外国籍であっても日本の会社が雇用した場合は、社会保険、雇用保険に入らなければなりません。**

　ですから、病院などにかかった場合には保険適用があります。また労災にも加入するので、労働中のケガや事故に対する補償も適用されます。

　つまり、保険に関しては、日本人も外国人も同じということです。

　さらにいうと、**外国人は日本にいる間、年金を支払う義務も発生します。**もちろん、母国に戻ったときに手続きをすれば、払った年金分は全額戻る仕組みになっています。

　また、外国人は日本にいる間、病気やケガをしても基本的に医療費はほぼゼロで済みます。というのも、技能実習生や特定技能には、国際人材協力機構が運営している外国人専用の保険があり、それに加入すれば、実質的に医療費の負担がなくなるからです。

　この保険に加入するのは個人ではなく会社であり、保険料は1人あたり3年間で約2万3000円です。これに加入しておけば、外国人が日本にいる間、虫歯、妊娠、労災以外で払った医療費が、全額戻ってきます。

虫歯が適用除外になっているのは、医療費が高額になりがちだからです。そのため虫歯に関しては、日本に来る前に治療を済ませておくように伝えます。
　また、妊娠に関しては、女性が日本での子育てに不安を抱いて帰国した場合、技能実習などの制度上の目的が果たせないことから、適用除外になっています。そのため、賛否はあると思いますが、女性には日本にいる間は妊娠しないように話をします。
　ほかにも、労災に関しては、社会保険の適用範囲なのでこの保険の対象からは外れています。

　さらに、この保険の特徴は、部屋で料理をしていて包丁で指を切ってしまったときなどでも、3割負担で支払った医療費が戻ってくることです。
　つまり、**外国人は日本にいる間、ほとんどの場合で医療費がかからない**のです。
　この保険の加入は任意ですが、技能実習生に関しては9割が加入しています。

　さらに、2024年12月から健康保険証がマイナンバーカードと統合されたことにより、**外国人にもマイナンバー登録とカードの取得が求められるようになりました。**そのため、すでに半数の人が住民票を届けたときにマイナンバーカードを作っています。
　日本国内では論争が沸き起こっているマイナンバーカードですが、外国人には抵抗感なく受け入れられているようです。

6. 給料は相場以上に設定する

　先日、大分県の建設会社から「技能実習生を雇いたい」という依頼を受けたときのことです。給料の話になったときに「儲かってないから、最低賃金までしか出せないよ」と言われました。
　——この金額だと、トラブルになるかもしれないな……。
　そう直感した私は「もう少し上げることはできませんか？ そのほうが実習生の労働意欲もわくし、御社のためにもなると思います」と伝えました。
　しかし「いや、難しいな」と取り付く島もありません。私は何度も見直すよう、手を替え品を替え説得したのですが、頑として首を縦に振ってもらえず、結局、最低賃金で求人票を出しました。
　それでなんとか2人を採用したのですが、そのうちの1人がなんと入国して研修センターに到着したその夜に、失踪してしまいました。持ち込んだ荷物を開けることなく、姿を消したのです。
　おそらく、入社するとは言ったものの給料が安いので、入国前に給料の高い職場を見つけていたのだろうと思います。そして、入国してすぐにそちらに移ったのでしょう。
　結局、会社が初期費用として払った40万円は、一夜にして水の泡となりました。

　いま、日本企業の間では賃上げが経営の大きな課題になっています。**一方の働き手にとっても、給料は常に最大の関心事**です。それは外国人にとっても同じこと。現地で応募の決め手になるのも、やはりまず

は給料です。

私はいつも雇用主となる社長には**「給料は相場以上にしてください」**とお願いしています。すると「外国人って給料が安くてもいいんじゃないの？」と驚かれるのですが、それはまったくの誤解です。

この場合の相場とは求人票のほぼ平均額で、そのときの社会情勢にもよりますが、通常業務では手取り13万円程度。建設業など体力に負担がかかる仕事で手取り16〜17万円です。

なぜ相場以上をお願いするかというと、**相場程度の金額では、人数的にも能力的にもいい人材が集まりにくいから**です。

例えば建設業界の場合、相場の17万円だと応募が少ない一方、18万円なら速攻で応募者が集まります。**たった1万円であっても、反応がまったく違う**のです。応募者数も、採用人数の数倍が集まります。外国人側も求人票を比較しながら応募先を決めているのです。

そのような状況ですから、相場以下の16万円以下では、まず人は集まりません。

給料の差は、応募者の意欲や能力の差にも表れます。給料が低くても応募する人は、ほかで断られて仕方なく応募する人が多いのです。

一方、給料が高い求人では、倍率が高いのがわかって応募する人たちばかりですから、全体的に経験やスキルのある人が多くいます。

入社後にも、給料の差が与える影響が如実に出ます。給料が安いと全般的にやる気がなく、日本語の習得も遅くなります。それだけではなく、失踪のリスクも高まります。特定技能なら、転職されるおそれもあります。

1、2万円程度で大きな人材の差が生まれるのですから、そこはケチらないでほしいというのが正直な思いです。

7. 家賃・水道光熱費・Wi-Fi代・生活消耗品以外は徴収しない

　外国人に日本で働いてもらうには、企業側がその人たちの生活に必要なものを一通り用意しなくてはいけないことは、すでに触れました。しかし、実際に日本での生活が始まったら、**何をどこまで会社が負担するのか、線引きが難しい**ところがあります。そこが制度上の「グレーゾーン」ともいえる部分です。

　考え方としては、生活費は会社が負担するのが原則ですが、金銭面で余裕のない会社もありますから、すべて賄うのは現実的に難しいでしょう。

　事情によっては本人から徴収できるものもありますが、認められるかどうかはケースバイケースで、「これは絶対に大丈夫」とは言えないのが実情です。とはいえ、それでは判断ができませんから、1つの基準を紹介しましょう。

　私たちがよくお伝えしているのは、**「家賃」「水道光熱費」「Wi-Fi代」「生活消耗品」の4つ以外は徴収しないでください**、ということです。逆に、この4項目なら徴収できる可能性があります。

　まず家賃については、1人2万円まで徴収することができますが、アパートか一軒家かなど、物件によって査定されるため金額が変わります。例えば築15年以上の一戸建ては資産価値ゼロと見なされますから、家賃を徴収することの可否について、関係機関の判断を仰ぐ必要があります。

ただし、修繕に費用がかかった場合は、一定の徴収が認められることもあります。必ず徴収できるかはわかりませんが、状況によっては一部負担してもらえる可能性もあることは、知っておいてください。

水道光熱費は、徴収することが認められています。使った分の実費を徴収する会社もあれば、1人月額5000円とか1万円といった定額を設定して、徴収する会社もあります。実費を徴収する場合は、例えば3人1部屋で住んでいるなら3等分となります。

Wi-Fi代に関しては、設備の設置は会社側の負担ですが、使用料は本人たちから徴収できます。Wi-Fiは1つ設備があれば入居者全員で使用できますから、例えば月額4000円のところを、1人1000円ずつ負担してもらうルールにしている会社もあります。一方で、「Wi-Fi代くらい会社が負担するよ」と、無償で提供しているケースも多くあります。

生活消耗品については、水道光熱費と同じ考え方です。最初は一通りのものを会社が準備しますが、トイレットペーパーや洗剤など、その後自分たちで使ったものは、自分たちで賄うのが原則です。

一方、それ以外のもの、例えば**仕事で使う道具やユニフォームなどは会社が支給するべきもの**です。費用がかかっても、本人たちからは徴収できません。たまにユニフォーム代を本人から徴収する会社もありますが、それはダメ。ただし、一度支給されたものは自己管理になりますから、ユニフォームをクリーニングに出したいなら、その料金は本人負担となります。

このように、**企業がどこまで負担するかは、制度の範囲内でルールを作ってもらうことになります。**ただ、日本での生活が充実すれば、職場への貢献度も増していくことは確かですし、長くよい関係を保つためにも、できるだけの生活支援はしてほしいところです。

8. 積極的にコミュニケーションをとる

　駅などで困っている様子の外国人を見つけたとき、少しの罪悪感を感じながらも、見て見ぬふりをしたり、話しかけられそうになったらさりげなくスルーしてしまったり……。身に覚えのある方は少なくないと思います。

　言葉の壁を人一倍感じやすいのは、日本人の特性なのかもしれません。しかし外国人労働者を受け入れる際には、**日本人従業員が積極的にコミュニケーションをとる姿勢が非常に大切**です。

　そもそも外国人の側も、仕事をしてお金を稼ぐためにも、日本語を覚えたいという意欲は高いのです。ただ、日本人従業員に話しかけても通じるかどうかわからないうえ、慣れない環境のため、どうしても一歩引きがちです。

　そのようなときこそ、日本人従業員のほうから積極的にコミュニケーションをとってほしいのです。コミュニケーションの頻度によって、外国人の日本語力には明確に差が出てきます。**1日も早く戦力になってもらうためにも、どんどん話しかけていくことが重要**です。

　ここで、外国人とコミュニケーションをとる方法として、5つの例を紹介しましょう。

1. 毎日必ず1回は話しかける

　朝会ったら、「おはよう」と挨拶をする。そして「昨夜は何を食べたの？」など、相手が回答に困らない質問をして、会話のきっかけを作ってみてください。難しい話を持ちかける必要はありません。

2. ランチタイムを一緒に過ごす

　昼食を一緒にとることで会話の機会を作りやすくなります。外国人は弁当を持参していることが多いので、珍しい料理があったらそれをフックにして会話を始めるのもよいでしょう。常に会話の仲間に入れることで、職場に早く馴染むことができます。

3. バーベキュー大会や飲み会、花見など、社内イベントを行う

　食事やお酒を飲む機会があると、一気に打ち解けられます。バーベキュー大会や飲み会などは積極的に開いてあげたいところです。また季節ごとの行事もおすすめです。春には花見をする、夏には浴衣を着せてあげる、正月には一緒にお餅を食べるといった、日本の文化を感じられるようなイベントは大変喜ばれます。

4. 毎日、終業前にミーティングを行う

　10分でも20分でも構いません。皆で席に着いて話に参加する場を設けることが大切です。その日の仕事内容を振り返るだけでも、外国人が仕事を着実に覚え、会話力を身につけることもできます。このタイミングに合わせ、毎日もしくは毎週、1時間程度の日本語講座を行う会社もあります。

5. 相手の性格を見極める

　ここまで積極的にコミュニケーションをとることをすすめてきましたが、一口に外国人といっても性格は十人十色。中には1人で過ごすのが好きな人もいます。そういう人を毎回無理に輪の中に入れるのはかえってストレスになります。ただ、だからといっていつも1人でいるのも問題があります。無理のなさそうな範囲で少人数でのコミュニケーションを図ってみてください。

9. 曖昧な指示はしない

「いいか、ビュッときたらバシッと打つんだ！」。

プロ野球の往年の大スター、ミスターこと読売巨人軍終身名誉監督の長嶋茂雄さんの独特の指導法は、いまでも語り草になっています。「ビュッ」「バシッ」で、果たしてどこまで相手に伝わるのか……。

ただ長嶋さんは極端な例だとしても、日本人は感覚でものを伝えることが多いといえるでしょう。

例えば、「ちゃちゃっとやって！」「ざっとでいいよ」などは日常よく使われている表現ですが、これでは外国人にはまったく通じません。それにもかかわらず、**外国人に仕事を教えるときに、こういう表現で教える人が多い**のです。先日もこんな話を聞きました。

岐阜県の部品工場に、働き始めて3か月のベトナム人技能実習生がいます。あるとき社長が作業台を指差して、彼女に「このへんの掃除をしておいて。だいたいでいいよ」と頼んだところ、「終わりました」と言うので見に行くと、特にきれいになってはいません。

疑問に思った社長は、「あまりきれいになってないけど、どこを掃除してくれたのかな」と聞くと、彼女は作業台を指差し「この上をふきました」と何の衒いもなく答えたというのです。

「次の作業に移るから、作業台の上と、その周りのゴミを掃除しておいてほしかったんですけれどね……。一事が万事なんですが、彼女は大丈夫なんでしょうか？」そう嘆く社長に、私はこう話しました。

「それは、残念ながら、**指示の仕方に問題がある**と思います。東南

アジアの人たちは、1から10まで丁寧に説明し、なおかつ何度も同じことを伝えなければ、まず意図した通りには動いてくれません。

また日本人と違って、わかっていなくても、指示されたら『わかりました』と気持ちよく答える傾向があります。しかしそれは単なる返事の場合も多いので、**何がわかったか確認するのも有効**です」。

また工場などの場合、「ぎゅっと締めて」なども言いがちな言葉ですが、それも通じません。「ドライバーを時計回りに回して、力を入れても止まるところまで締めて」といった表現を使う必要があります。面倒に感じられますが、**むしろ、国際標準に近いのは外国人のほう**かもしれません。曖昧な依頼でも相手の真意を汲み取れるのは日本人ならではの感覚であり、外国人にそれを求めるのは無理があります。しかし、一方で外国人は、一度自分で理解して覚えてしまえば、本当に真面目に我慢強くやってくれます。

私の組合にも現在、インドネシア、モンゴル、ベトナムなどの外国人スタッフがいます。「これ、お昼までにまとめといて」といった雑な指示をしてしまうと、お昼になってもやっておらず、まったく違う作業をしていたりします。ところが「この文書の内容を12時までに一覧表にしてください」といった具体的なお願いをしたら、きっちりと12時までに済ませ、しかもイラストや写真までつけてくれたり、関連資料も用意してくれたりと、期待以上のことをしてくれます。

外国人が「使えない」という会社ほど、教え方が雑で、指示が曖昧なものです。外国人はしっかりと理解できれば、期待以上の働きをしてくれます。人は使う人によって変わるということも、知っておいてほしいポイントです。

10. 外国人担当者を決めておく

　母国を離れて日本で働く外国人は、初めて学校に通う小学1年生と同じです。まず新しい生活環境や習慣を覚え、それに慣れるところから始める必要があります。そのために、小学校ではクラス担任の先生がつくように、特に**技能実習生の場合には、受け入れる企業に、実習生の世話をする「担当者」を決めてもらいます。**
　ここで覚えておいてほしいのは、**担当者を決めることは単なる役割分担ではなく、技能実習生を受け入れる際の法制度だということ**です。規定としては、責任者、技能指導員、生活指導員と3つの担当者を決めることになっていて、責任者は講習を受ける必要があります。また、技能指導員は5年以上の経験者でなければいけません。
　実際には、1人の社員がすべて兼任している会社がほとんどですが、外国人への対応は多岐に渡ります。場合によっては労働時間外の対応も必要ですから、制度が想定しているように、複数人で担当することを私はすすめています。

　では、具体的にどのようなことをすればよいのでしょうか？
　まず、**担当者には採用した人材が入国するときに、空港への出迎えをしてもらうのが理想**です。外国人も到着したばかりのときは、見知らぬ土地での生活に大きな不安を抱えています。そのような中で、面接で顔を合わせた会社の人が「よく来てくれたね」と笑顔で迎えてあげれば、安心して新しい環境に入っていけます。
　もっとも、国際便が到着する空港や時間帯は限られていますから、

会社の所在地によっては出迎えが難しい場合もあると思います。

そのようなときは、**1か月の講習センターでの研修時に、面談や食事の機会などを設けてあげてください。**それだけで大きく違います。

入社後の担当者の役割も重要です。例えば、生活面の問題としてよくあるのが「部屋のエアコンが壊れた」「初めての街で生活用品の買い出しがわからない」といったことです。こういう**細かいことにも担当者がきちんと対応していれば、問題は起こりません。**相談すれば自分のためにすぐに動いてくれるということで、信頼感を持ちます。

ところが、**担当者が決まっていない場合、つい問題を放置してしまうことがよくあります。**特に多いのが、エアコンの故障を巡るトラブルです。修理を依頼した業者から「人手不足のため2週間待ってください」と言われた場合、それを伝えるだけでいいかといえば、そうはいきません。たとえ一晩でも夏の夜は暑さが厳しく、よく眠れないでしょう。修理を終えるまでの間、会社側が扇風機を貸与するなどケアをしてあげればいいのですが、そのまま放置してしまうと「会社が何もしてくれない」と支援団体に相談が来ます。それがきっかけで、会社との関係が悪化し、最悪、失踪ということにもなりかねません。

担当者が役割を果たしている会社とそうでない会社では、外国人の仕事ぶりはまったく異なります。担当者がしっかりとサポートしている会社では、外国人の表情も明るく、いきいきと仕事をしています。しかし、困ったことがあっても誰に頼んでいいかわからない場合、それが不安材料となって口数も減り、仕事の意欲もなくなります。

外国人担当者を設けるのは、一見手間のように思えるかもしれません。しかし、**彼らが日本での生活習慣や企業文化に馴染むには、日々の細かい問題を解決してくれる担当者の存在が重要**なのです。

第 **5** 章

長く働いてもらうための マネジメント

　居心地がよく、やりがいのある会社であれば、誰でも長く働き続けたいと思うでしょう。
　そのような「いい会社」であるために、経営者の方はいろいろな工夫をしていると思いますが、日本人と外国人では、長く働いてもらうためのコミュニケーションの方法に異なる点があります。
　やる気や元気を出してもらおうと、よかれと思って日本人にやっていることでも、外国人にとっては不快に感じることがあるのです。

　「そんなつもりではなかったのに……」という残念なことにならないよう、本章では、外国人が長く働きたいと思える環境づくりについて解説します。

　ちなみに、このような環境が構築できれば、日本人同士のコミュニケーションもスムーズになり、会社全体に活気が出てきます。
　ぜひ実践してみてください。

1. イメージされやすい「奴隷制度」は過去のもの

　先日、東海地方にある農業法人の代表からこんな相談を受けました。
「技能実習生を雇いたいんだけど、時給はいまでも200円くらいですかね？」。
　――うーん、世間的にはまだそのような認識なのかな。
　少し残念な気持ちになりながらも話を聞いてみると、30年ほど前にその時給で技能実習生（当時の呼び方では「研修生」）を雇っていたことがあり、今回も人手が足りなくなってきたので雇いたいと思った、ということでした。

　しかし、いまは事情が違います。**「時給200円」などは完全に過去の話であり、現在では違法**です。
　そこで、現在では技能実習生にも最低賃金以上の金額を支払うことが義務づけられていることを説明したところ、「当時はそれで問題なかったんだけどなあ」と戸惑った様子だったので、その後の制度変更や法律改正の経緯を説明したところ、「それなら日本人を雇う方がマシだ！」と電話を切られてしまいました。
　実は、**技能実習生をはじめとする外国人に対して、いまだにこうした古い思い込みを持つ方は多い**のです。

　かつては技能実習生を安い賃金で、非人間的なレベルでこき使っていました。農業分野などでは冒頭の電話の方のように、東南アジアの人を時給200〜300円で働かせていたそうです。寝る時間もないほど

残業をさせた挙げ句、残業代も払わないというのも当たり前でした。さらに「タコ部屋」と呼ばれる、6畳間にいくつもの2段ベッドが設置された部屋に大人数が詰め込まれる、といった劣悪な住環境も珍しくなかったようです。そのため、**外国人技能実習制度は「奴隷制度」と呼ばれていた**のです。

しかし、2000年代に入り、メディアなどで技能実習生への非人間的な扱いが広く知られるようになると、法制度は徐々に改善されて整備が進み、2017年には、もはや別物になったといっていいほどの大幅な法改正が行われました。労働基準法にもとづいた最低賃金の遵守や適正な労働時間の確保、さらに住環境の改善など、具体的な基準が厳格化されたのです。

実習生の居住空間として1人あたり4.5平方メートル以上を確保することが義務づけられたことや、残業代を適正に支払わなければならないというルールが明文化されたことは、その一例です。

また、違法行為を行った企業に対する罰則も強化されています。
その結果、**いまでは劣悪な労働環境は改善され、労働基準法や制度上の規定を守らない企業も激減しています。**

とはいえ残念ながら、過去の状況があまりに衝撃的だったことから、**業界全体に対するイメージは払拭されず、改善された状況が十分に伝わっていないのも事実**です。特に地方の中小企業や農業分野では、いまだに「外国人技能実習制度＝安価な労働力を酷使する制度」と誤解している方が少なくありません。

しかし、**「奴隷制度」と揶揄された時代はもう終わった**のです。
これからは「ともに成長するパートナー」として、技能実習生を迎え入れる企業を増やしていきたいと思っています。

2. 社長だけでなく従業員全員でフォロー体制を作る

　ある日、千葉県の建設会社から、技能実習生と日本人従業員がつかみ合いの喧嘩をしたという連絡がありました。日本人の方は、その会社で10年目の中堅社員。

　実習生の働いている様子を見てイライラし、つい「こんなこともできないのか！」と大声を上げてしまったことがきっかけだったそうです。

　実は、3日前にもその2人が言い合いをしていると、通訳を要請されたばかりでした。その日は私の事務所にいる外国人スタッフが当人をなだめ、なんとか事は収まったのですが、また同じ2人がぶつかってしまったようです。

　ただ、今回はお互いに手を出してしまったということで、どうしたものかと社長から相談されたというわけです。

　このようなトラブルが起こりがちなのは、社長が1人だけで実習生の担当をしている会社です。普段から外国人とコミュニケーションをとっているのが社長に限られるため、従業員は外国人との接し方がよくわからず、社長がいないときにこのようなトラブルが起こりがちなのです。

　制度上のルールでは、責任者のほか、技能指導員と生活指導員という3人の担当者を決めなければならないことになっている、というのは前にも説明しましたが、従業員数が限られる中小企業の場合、3つの担当を社長1人が兼務することが多いというのが実態です。

そうなると、社内では自然に「実習生は社長の担当」という空気ができてしまい、その結果として、現場の従業員たちの実習生への理解が乏しくなるのは当然ともいえるでしょう。

そうならないよう、私たちは前もって「実習生はまだ日本語が不自由なので、指示をゆっくり伝えてほしい」とか、「より丁寧に具体的に伝えてやってください」といったことは、社長に話しています。**それをいかに現場の従業員に伝えてくれるか、ということが非常に重要**なのです。

大切なことは、社長だけでなく従業員全員で実習生をフォローする体制を作ることです。例えば「1日1回は必ず実習生と話す」というルールを作ること。それとともに、実習生が仕事でミスをした場合は、その場にいる人がすぐにフォローをする、といった体制があるといいでしょう。

特に、初めのころは日本語もできず、仕事にも慣れていませんから、何かとミスもあると思います。それを**1つ1つダメ出しするより皆でフォローをしてあげる体制を築く**ことで、実習生も安心して働けるようになり、現場の雰囲気も変わります。

もう1つ大事なことは、現場で仕事を指導する担当者を必ず決めること。すると、責任者に任命された人も意識が変わり、何かと面倒を見るようになります。また、実習生にとっても、わからないことがあったら誰に確認すればいいのかが明確になるので、安心できます。

外国人の活用を成功させるためには、社長や一部の担当者に頼るだけでは不十分です。**従業員全員が実習生を支える体制を築き、情報を共有し、コミュニケーションをとることが重要**です。

3. 絶対に外国人を人前で叱ってはいけない

「バカやろう！ なにやってんだ！」。叱りつけられ、落ち込んでいる部下のところに、しばらくすると当の上司がやってきて、「あのとき、なぜ叱ったか、わかるか？ それはな……」と、優しく教えてくれる。日本では、昔はそのような上司が慕われていました。「厳しくされるのは愛情のうち」と解釈する、独自の文化があるからです。

しかし、その考え方は、外国人にはまったく通用しません。

「外国人を人前で叱らないこと」は鉄則です。外国人は叱られることを「成長のための指導」などとは考えません。それより「人格を否定された」「プライドを傷つけられた」と受け取ります。

もし人前で何か注意されたら、はっきりとやる気をなくします。それで会社に来なくなったり、最悪、失踪してしまうことにもなります。日本人から見れば些細なことでも、外国人にはそこまでの問題になる可能性があるのです。

謙虚さを尊ぶ日本人とは違い、外国人は全般的にプライドが高く、人前で恥をかかされたり、失敗を指摘されたりすることをとても嫌がります。些細な注意のつもりでも、顔を真っ赤にして怒ることもあります。

かくいう私にも苦い思い出があります。

私が雇っていた27歳のベトナム人女性のアンさんは、何を任せてもうまくできない人でした。書類をまとめるようお願いしても、指定した書式とはまったくちがうものを作ってばかり。

さすがにこれでは業務に支障が生じかねません。本人に気持ちを入れ替えてもらおうと、ある朝、「君は何をやらせてもうまくできないけど、これからどうする？」と、少し詰めるような言い方をしてしまったのです。

　すると見事にその日の午後、「できません、辞めます」と言って事務所を出ていき、そのまま戻ってきませんでした。

　私はいまでもその言い方を悔やんでいますが、それほどの事態に発展してしまうことを理解しておいてください。

　では、**人前ではなく、個別に呼べば叱っていいかというと、それもダメ**です。基本的に失敗を指摘したり、注意したりすることは「恥をかかされた」と受け取られます。

　ですから、**失敗を指摘したり、叱ったりすることはしないほうがいい**と思ってください。日本ではよく、ふざけて人の頭をちょんと小突いたりすることがありますが、それも冗談とは受け取らず、侮辱されたと受け取りますので、注意してください。

　「じゃあ、本人が失敗したときはどうすればいいんだ？」と思うでしょう。**その場合は、さりげなくフォローしてあげること**。指摘や注意ではなく、失敗したら修正してあげるのです。本人がそれに気づけば、自分から直します。

　もし、どうしても指摘しなければならないことがある場合は、失敗したそのときではなく、少し間を置いてから、個別に呼んで話してください。それも叱るのではなく、**「次回はこうしてみよう」という建設的なアドバイスにして伝えるのがポイント**です。そうすれば、前向きに改善に取り組んでくれます。

　外国人は褒めて動かすのが基本です。何事においても、こうするともっとよくなる、という言い方で指導してください。

4. 「雨が降ったら休む外国人」には心のケアを

　下世話な話で恐縮ですが、使用した後のトイレットペーパーはどうしていますか？「そのまま流すに決まっているだろう」と日本人なら答えるでしょう。でも、それが決して世界共通の常識ではないことをご存じでしょうか？

　東南アジアのある国では、トイレで使った紙を、個室に設置されたゴミ箱に捨てるのが常識です。下水管が紙を流すようには作られていないため、詰まってしまうというのが理由だそうです。日本の水洗トイレのインフラは世界一といわれるほど高度で、かつ日本製のトイレットペーパーは水での溶け具合も世界最高レベル。だから、使用済みのトイレットペーパーをそのまま流せるというわけです。

　このように、**日本の常識は必ずしも世界共通ではない**のです。

　実際、外国人を雇ってみて、驚くことは少なくありません。

　例えば、雨が降ると会社を休んでしまう外国人がたまにいます。日本人の感覚では理解しがたいことですが、事実です。しかし怠惰で休むのではありません。もともと彼らはお金を稼ぎたくて日本に来ていますから、本来は働きたい人たちです。**それでも休んでしまうときは、何か事情を抱えている場合が多い**のです。

　職場に馴染めないとか、コミュニケーションがうまくいっていない、といったことで悩んでいるケースがそれです。

　また、日本に来たことで恋人と別れることになり、そのショックで働く意欲を失っている場合もあります。

もし、雨の日に外国人が会社を休んだら、それはＳＯＳのサインかもしれません。ですから、そういうときには叱るのではなく**「何か困っていることがあるの？」と聞いてあげたり、気にかけてあげたりすることが、離職や失踪を防ぐうえで重要**です。

もちろん、悩みがある人ばかりではありません。
そもそも外国人は、日本人のように時間を守るのが得意ではありません。技能実習生であれば、入国前の研修で日本は時間に厳しいことを習ってはいるのですが、それでも遅刻する人が多いのが実情です。また、日本人は時間に余裕を持って職場に入るのを当然としていますが、外国人は「なぜ5分前に来なければいけないのか？」と、純粋に不思議がります。
とはいえ日本で働くのですから、**日本特有の時間の感覚はしっかりと教える必要があります。**
また、タイムカードを押す習慣もないため、軽視しがちなところがあります。そのあたりも粘り強く教える必要があります。

そのほか、冒頭の事例のようにトイレットペーパーをゴミ箱に捨てたり、土足禁止のところに土足で上がったりと、日本人から見れば驚いたり、時には腹の立つことをするかもしれません。
しかし、悪気はないのだということをわかってください。
日本人の常識に当てはめるだけでなく、彼らが感じる職場での違和感や問題にも配慮したうえで、教えてあげてください。

「雨の日も出勤したい」と思えるような、コミュニケーションのしっかりとれた職場を作ることが、外国人の定着率を高めることにつながります。

5. 困りごとは何でも支援団体に相談する

「先月から働き始めたチャンさんが突然、会社を辞めると言いだしたんですが——」。

北関東にある食品工場の担当者から連絡がありました。

さっそく本人に話を聞いてみると、「会社から『同室の人に迷惑をかけないように』と言われたことが納得できない」と言うのです。

どうやら同じ部屋に住むホアンさんが、「チャンさんがいつも夜中に長電話をするので、うるさくて困っている」と会社の生活担当者に訴えたのが、事の発端のようでした。

担当者がそのことをチャンさんに伝えたところ、「なぜ自分だけが注意されるのか」「相手だって夜いつもゲームをしている」「私が夜中に電話をしていたのは1回だけ」と怒ってしまったそうです。

おそらくその後、2人の間で「なぜあんなことを言ったのか」ともめたのでしょう。それ以降、チャンさんとホアンさんの仲は険悪になり、とうとうチャンさんが退職を切り出すまでになったのです。

「そんなことで、なんで会社を辞めてしまうのか」と思うかもしれませんが、実はこういったケースは珍しくありません。

一見些細なことですが、一度感情がもつれ始めると、相手の悪いところや、いままで自分が我慢していたことに意識が向きがちになり、こうした大きなトラブルになりがちです。

こういうときに一番いいのは、外国人の母国語がわかる人が間に入

ること**です。ですから、私のもとに相談が来た場合には、母国語ができるスタッフに本人たちと話してもらうことにしています。そうすると、互いに納得して終わるものです。

ある程度日本語が上手だから日本語で説得できるだろうと思っても、微妙なニュアンスの話をすると、もめることが多くあります。日本語でぼかした言い方をしても伝わらないため、どうしても表現がストレートにならざるを得ず、事態を悪化させてしまうのです。その場では「わかりました」と言ったとしても、本当は腑に落ちていないので、仕事にも影響が出ます。

ところが、母国語で話すと本音や細かなニュアンスを伝えやすいため、相手の言い分も理解できるようになる、ということが多くあるのです。おそらく母国語なら、同じことを言うにも柔らかい表現にしたり、遠回しに伝えることもできるからでしょう。そして最後に「腑に落ちる」のです。

だからこそ、**仕事とは関係のなさそうなちょっとしたトラブルでも、まずは通訳がいる支援団体に相談するのが正解**なのです。通訳をつけて話し合えば、小さなトラブルで終わらせることができます。

会社の人が下手に「自分たちで何とかしよう」と頑張りすぎてしまうと、解決するどころか、かえってこじれることにもなりかねませんから、注意しましょう。冒頭のトラブルも、もし早い段階で支援団体に相談していれば、そこまでの問題には発展しなかったでしょう。

支援団体は外国人だけの相談相手ではありません。**企業側にとっても、悩みを共有し、一緒に解決方法を考えてくれる心強い味方**です。

また、支援団体が問題をどう解決するかを見ることで、企業の担当者も次第に自社内で問題を解決できるようになります。

支援団体を外国人の相談窓口だと思って利用してください。

6. 給料や待遇は明文化しておく

「僕の給料がアイツより低いのは、なぜですか？」。
　外国人を雇用している会社なら、よく受ける質問でしょう。私たちも、給料は見せ合わないよう指導はしているのですが、なぜか守られることはあまりありません。そして、自分の給料が誰かより低いとわかると、すぐに「なぜ？」と聞きに来ます。

　日本人ならたとえ不満があったとしても、直談判をする人はそうそういないと思います。しかし外国人は、家族を支えることや、将来に向けてお金を稼ぐことを目的に日本に来ています。そのため、**給料や待遇に違いがある場合、その理由をしっかり説明しないと納得してくれません**。それどころか、安易に「アイツは頑張っているから」などと曖昧なことを言うと、「私も頑張っています」と言い返されてしまいます。

　ですから、外国人には、例えば「Aさんは、〇〇ができるようになったよ」とか「Bさんは、日本語が格段に上達した」といった、**わかりやすく、具体的な理由を説明する必要があります**。

　さらにいえば、**「もし外国人の中で給料に差をつける場合は、給料を上げる本人に、事前に理由を明確に伝えてください」**と私たちは企業にお願いしています。そうすると本人たちも、給料を見せ合うのをやめるようになります。

その際、昇給の理由がただ「頑張っているから」というだけでは足りません。「日本語を上手に話せるから」「新しいスキルを覚えたから」といった、具体的なポイントを伝えましょう。そうすることで、たとえほかの人が知ったとしても、「じゃあ、自分もそのスキルを身につければ給料が上がるんだ」と納得しやすくなるのです。

一番いいのは、事前に会社で評価基準を作っておくことです。
例えば「日本語能力試験のＮ３を取ったら昇給」「新しい仕事を覚えたら手当がつく」といった目安をはっきりと伝えておけば、外国人もそれを自分の目標にすることができ、給料や待遇の違いにも納得しやすくなります。

実際に、ある会社で１人の昇給について説明をしなかったことで、ほかの外国人が不満を募らせ、明らかに労働意欲が低下してしまったことがありました。そこで「日本語能力試験でＮ３を取ったら△円昇給」「〇〇ができるようになったら△円昇給」というふうに**明確な昇給ステップを作ったところ、不満が減り、それを目標に以前よりも熱心に勉強や仕事に取り組む人が増えた**といいます。

お金をめぐる感情のもつれは解決しづらく、また、表面上は問題がなくなったように見えても、どうしてもしこりは残ります。
だからこそ、**皆が納得できるように昇給の条件を明確にしておく必要がある**のです。

7. 外国人が失踪したときの対処法

　ある朝、会社に行ってみたら、技能実習生が誰も出社していない。慌てて彼らが住んでいるアパートに行ってみると、部屋の中はもぬけの殻だった──。最近ではこのような集団失踪は減りましたが、個人レベルで見れば、**せっかく採用した外国人が失踪することは、珍しくありません。**

　実際、法務省の調査によると、2022年には、約34万3000人の技能実習生のうち、およそ2.6％にあたる9006人が本来の職場から失踪しています。適切な比較ではないかもしれませんが、日本人の場合、失踪して本当に行方がわからなくなっている人数は、同じく2022年で約3000人程度。人口比を考えると、技能実習生の失踪割合がいかに大きいか、おわかりになると思います。

　もし、**技能実習生が失踪したら、最初に会社がやるべきことは、地元の警察に捜索願を出すこと**です。そして、**監理団体に連絡して状況を説明します。**会社側の対応としては、この2つです。自分たちで実習生を探す義務はありません。

　会社から連絡を受けた監理団体は、母国の送り出し機関に連絡を入れるとともに、実習生の家族にも連絡を試みます。電話やメールがつながれば状況を説明して、何か知っていることはないかなど、事情を聞くことになります。

　しかし、ほとんどの場合、家族と連絡をとることはできません。実

習生が失踪するときは、事前に計画しているケースがほとんどで、母国の家族にも知らせているのでしょう。**家族とも連絡がつかず、失踪の理由もどこにいるのかもわからないまま終わるのが常**です。

とはいえ、わからないからそのままにしておくというわけにはいきません。監理団体は失踪の事実を外国人技能実習機構に報告し、同機構から出入国在留管理庁に連絡が入ります。

その後しばらくたってから、出入国在留管理庁が会社側に事情を聞くための面談が行われます。会社側はその場で、雇用状況や実習生との関係性について詳しく説明する必要があります。

一方、失踪した実習生はどうしているのかというと、**ほかの実習生などから誘われ、より賃金の高い職場に行き、そこで仕事をしている場合がほとんど**です。もちろん、失踪した段階で技能実習生としての在留資格は取り消されているので、いわゆる「不法滞在」となり、見つかり次第、母国に強制送還されることになります。

そう考えると、失踪は非常にリスキーなのですが、なぜ、そこまでして高い給料の会社に移りたいと考える実習生が後を絶たないのでしょうか?

それは、**安月給では、生活が行き詰まるから**です。

実習生は日本に来る際に、日本語学校の費用や、本国の送り出し機関に手数料を支払うために、日本円で20万円から70万円程度の借金をしています。そして返済をしながらさらに家族に仕送りをして、ギリギリか、あるいはそれ以下のレベルで生計を立てています。

だから、せめて見つけられるまでの間だけでも多くのお金を稼ごうと考えるというわけです。

雇い入れる企業の方には、実習生たちの厳しい実情を知っておいてほしいと思います。

8. 同じ国の先輩を指導者にする

　海外で採用面接をしていると、応募者からよく聞かれるのが、「私と同じ国の人はいますか？」という質問です。
　言葉の通じない異国の地で働く外国人にとって、同じ国の人が職場にいることは、これ以上ない安心材料です。「いますよ」と言うと、誰もがほっとした顔をします。
　同じ国の先輩がいることは、言葉の面でも仕事の面でも心強いですし、生活の面などでも精神的な支えになります。

　実際、外国人が働く職場をたくさん見てきましたが、**母国が同じ先輩が職場にいる人は、日本に馴染むのも、戦力になるまでに成長するのも早い**というのは確かです。

　秋田県の食品加工工場で働くベトナム人のファムさんは、この工場にとって技能実習生の第１期生です。彼は地道に努力をする真面目な人で、仕事の覚えも早かったことから、今では社内の外国人のチームリーダーとして活躍しています。
　彼の役割は第２期生に母国語で指導をすることで、「ファムさんが指導すると、仕事の流れを覚えるのが格段に早くて、２期生があっという間に戦力になってくれた」と社長も喜んでいます。

　このように、**最初に雇用した外国人が育った会社はその後、外国人の採用と育成がとても楽になる**というメリットがあります。

ただし、いいことばかりではありません。注意点もあります。

　会社が外国人リーダーに任せきりで放置してしまうと、次第に会社が定めた方法から離れ、自分たちがやりやすいように仕事の進め方を変えてしまうことが起きがちなのです。会社がそのことに気づいて注意しても、頑なにやり方を変えようとせず、社内に「日本人対外国人」といった対立構造ができてしまうこともあります。
　ですから、**外国人にリーダーを務めてもらうにしても、常に日本人指導員やほかの人たちがついて、様子を見ていることが大切**です。

　また、2期生、3期生があまりに先輩に依存してしまうと、日本語の習得が遅れてしまう懸念もあります。やはり外国人に任せきりにはせず、**常に日本人従業員もコミュニケーションをとることが重要**です。

　また、リーダーになる人の性格にも注意が必要です。日本にやってきたばかりのときは真面目だった人も、後輩たちには乱暴な態度を取ったり、職場への不満を吹き込んだりして、悪影響を及ぼすこともあります。
　その意味でも、**常に日本人指導員がチームを見守り、問題があれば早めにフォローする仕組みを作ることが大切**なのです。

　「先輩の背中を見て育つ」とは、世界共通だと私は思います。
　したがって、初めて外国人を採用しようとする企業は、後に続く外国人のためにも、よい環境の中で、仕事熱心な第1期生を育成してほしいと思います。

第6章

優秀な外国人を獲得するための採用術

　企業にとってメリットの多い外国人人材ですが、すべての外国人が自社の仕事に適性があり、意欲を持って働けるというわけではありません。個人差があるのは、日本人も外国人も同じです。

　しかも外国人の場合、採用のプロセスに日本人より時間や手間がかかるうえ、就労開始後に「どうもウチとは合わないな」と思っても、原則として解雇することはできません。
　そのような点を考慮すると、外国人の場合、自社に合った人材を見抜いて採用することは、日本人の場合よりも重要だといえます。

　そこで本章では、外国人を相手に、面接時に確認するべきことや、より優秀な人材を集めるための募集要項作成のコツなどを解説します。

　日本人相手の採用とは異なる点が多々ありますが、難しいことではありません。きっと納得して実践していただけることがほとんどだと思います。

1. 外国人の「できます」を鵜呑みにしない

　街を歩いていて外国人から、「Excuse me. Can you speak English ?」と聞かれたら、日本人の多くはつい「A little」とか「NO！」と答えてしまうのではないでしょうか。堂々と「Yes！」と答えられる人は少ないと思います。

　英会話に苦手意識を持つ日本人が多いのはわかりますが、カタコトでも意思の疎通は図れるでしょう。にもかかわらず「NO！」と答えてしまうのは、「ちゃんと受け答えができなかったらどうしよう」という不安感と、「会話に問題のないレベルで英語ができなければ、とても"Yes"とは言えない」という自信のなさが大きいのではないでしょうか。

　しかし、こういったある意味控えめな感覚が当たり前だと思っていると、外国人を採用するとき、あるいは雇用した後、面食らうことになるでしょう。

　外国人に「あなたは○○ができますか？」と聞くと、たいていは「できます」と答えます。しかし、**それを鵜呑みにすると大変なことになります。**

　彼らが採用面接に参加する最大の目的は、合格することです。ですから、まずは合格することが先決で、ほかのことは後でなんとかすればいいと考えていても不思議ではありません。面接で「できません」などと言えば不合格になってしまうリスクが高まりますから、**たとえできなくても「できます」と答えるケースが少なからずある**のです。

しかもそのハッタリ（？）は、雇用後も同じです。

「○○しておいてください」と指示すれば、明るく「わかりました！」と答えてくれるのですが、実際には、その作業をしたこともなければ、指示の意味さえわかっていない場合もあります。

なぜ、できない、わからないことを、「わかりました」と言うのか、日本人には理解できないところですが、実は、**彼らはそれこそが礼儀だと思っている**のです。外国人にとって、**上の人から与えられた指示に「できません」と言うことは、喧嘩を売るような行為**です。彼らからすれば「できません」と答えることは、給料を下げられることや、最悪、辞めさせられることと同義です。これはアジア人に共通する、上下関係への配慮の一環と言ってもいいでしょう。

雇う側からすれば、できないことはできないと言ってもらったほうが、よほど助かるのですが……。

ですから、採用後の無用の苦労を避けるためにも、**面接時に応募者が言う「できます」が本当かどうか確かめておくべき**でしょう。

そのためには、外国人に頼む予定の仕事内容が決まっているなら、**採用面接でそれに見合った質問や技能テストなどをするのが1つの方法**です。例えば61ページでお伝えしたように、建設会社なら軽い体力テストを受けてもらったり、縫製会社ならミシンを使っていくつかの縫い方をしてもらったり、といったことです。

ただ正直なところ、短時間の面接でどこまで相手の能力を見極められるかはなんともいえません。それでも、最低3年間は雇用を継続する必要があることを考えたら、まったく当てが外れてしまったという事態は避けたいでしょう。そこで、面接時にどのような試験を実施するべきか、次項で説明しましょう。

2. 面接時に体力や器用さを確認する

　外国人の「できます」「わかります」アピールをかわし、後で苦労しない採用を実現するためには、面接でなるべく正確に判断できる質問を用意しておくとともに、**技能テストを組み合わせることが大切**です。

　手先の器用さを測るためによく行うのは、「豆を箸でつかむテスト」です。これは表面がツルツルした豆をお皿に入れ、1分間で何個つかめるかを測る試験です。緊張して手が震え、全然つかめなくなってしまう人もいますが、その動作やしぐさを見るだけでも、その人の人となりが伝わってきます。

　ちなみにこのテストは、私がやってみてもせいぜい5、6個というところですが、以前ベトナム人の女性で、1分間でなんと15個をつかんだ人がいました。同席していた社長も「日本人より器用だ」と驚くほどでした。

　また、建設会社では、**体力を確認するために土嚢（どのう）を何度も持ち上げるテスト**を行うことがあります。以前は腕立て伏せが主流でしたが、「いじめを連想させてイメージ的によくない」という声が多く、行われなくなりました。

　また、中には応募者と腕相撲をして腕っぷしを測った社長もいました。腕相撲で相手の体力がわかるのか不明ではありますが、手を組んで対戦することで、何かをつかめるのかもしれませんね。

これらは就業後の技能に直結するため、わかりやすいのですが、もう１つ**注意したいポイント**に、**「声の大きさ」**と**「発音」**があります。

面接では必ず日本語で自己紹介をしてもらいますが、大きな声で「どんな仕事も頑張ります！」と、アピールする人がいます。

それを聞くと、意欲や真剣さが伝わってきて有望に思えるのですが、正直なところ、**声の大きさは本人の能力とはあまり関係がありません。** 面接会場に来て大きな声を出そうと思えば、誰にでもできてしまうからです。

私の経験では、**重視するべきは声の大きさよりも日本語の発音**です。それによって、能力がある程度正確にわかります。

送り出し機関が応募者に日本語の挨拶を指導するのは、面接の１週間前です。この短期間で初めての言語を習得するのは、容易ではありません。**それにもかかわらず発音のいい人は、日本語の習得力があるか、努力を惜しまない人**であることは間違いありません。

実際に挨拶の発音がいい人には、仕事でも力を発揮してくれる人が多いと感じます。

「以前外国人を採用してえらい目にあった。もう外国人はいいよ」と言う社長もたまにいますが、**それは人の選び方次第**です。

実際、工夫を凝らして採用に成功した社長の中には「日本人よりいいよ！」と喜んでいる方もたくさんいます。

外国人の面接は初めてという方は、ぜひ同行している支援団体の担当者に、チェックポイントを確認することをおすすめします。

そうすることで、少なくとも先の「声の大きさ」のような点でごまかされることはなくなります。

3. 優秀な外国人を見つけるためのIQテスト

　技能実習生として応募してくる人や特定技能（1号）の多くは、高卒者です。たいていの場合、仕事や作業に関する能力に大きな差はありません。
　現地の送り出し機関は、求人票の内容と、応募者の履歴書を見比べたうえで、ある程度の選抜をしてから、こちらに紹介してくれます。
　私たちは、その選抜を「フィルター」と呼んでいますが、その**フィルターを通して選ばれた人たちなので、個々人の差は大きくはない**のです。

　ただ、フィルターを通したとしても、能力の高い人や優秀な人が集まる場合もあれば、レベルの低い人しか集まらない場合もあります。その差はどこから生まれるのでしょうか。
　それは求人票の内容です。特に、給料の金額によって集まってくる人のレベルが変わります。前の章でも触れましたが、**給料が高い求人には優秀な人が集まる**、というわかりやすい傾向があります。

　とはいえ、それは全体的な傾向であって、個々人がどれだけの能力があるかということは、面接や簡単なテストだけではわかりません。**さらに知っておきたいのが"伸びしろ"**です。
　例えば、日本語力ひとつをとっても、現状では皆ほぼ横並びだったとしても、今後の伸びしろの違いによって、採用する会社が得られるメリットは大きく違ってきます。

そこで**参考になるのが、応募者個人の基礎能力を測る試験の結果**です。私たちはそれを俗に「ＩＱテスト」と呼んでいるのですが、国によって問題のレベルや内容が違い、どれくらいの割合の人に受けてもらうのかも異なります。
　例えば、ベトナムの送り出し機関では、必ず応募者に基礎的な試験を受けさせ、その結果を履歴書に記載して提供してくれます。
　本当の「ＩＱ」を測る試験とは違い、課される試験は計算問題や図形問題を合わせたものです。ただ、計算問題は２けたのものであり、多少高度な内容になっています。業界ではこの試験結果を"ＩＱ"と呼んでいますが、**つまりは「地頭」のよさを見る指標**なのです。

　そして**この"ＩＱ"が意外に参考になります。**たまに、普通に話している分にはしっかりしている人でも、極端に点数が低い人もいます。そういう人は、実際に仕事を任せてみると、何らかの支障が出てくる場合が多いのです。ＩＱテストの目的の１つは、そういう人を外すことにあります。
　私が見た限り"ＩＱ"の高い人は、仕事を覚えるのも日本語の上達も早いうえ、職場や生活上でトラブルを起こすこともほとんどありません。**地頭のよさは仕事だけでなく、生活能力にもつながっている**という傾向を感じます。

　その関連でいうと、**大学卒業の人は"ＩＱ"上位者と同じように、候補者の中では頭一つ抜けています。**
　技能実習生や特定技能は基本的に単純作業が多いのですが、とはいえ、地頭のよさは現場でも必要です。
　頭のよさがすべてではありませんが、誰を選ぶか迷ったときには、重要な判断材料となるでしょう。

4. 本当の日本語力を見抜くポイントとは

　「あの人、英語ペラペラだよ」というときの「ペラペラ」とは、一説によると、紙をペラペラとめくる音から来ていると言われています。そこから転じて、紙をペラペラめくるように言葉が流暢に出てくる様子を表すようになったそうです。しかし、この「ペラペラ」という言葉ほど曖昧なものはありません。「あの人は英語がペラペラだ」と評判だった知人をイギリス人に紹介したところ、なぜかほとんど会話が成立しませんでした。「アメリカ英語とイギリス英語は違うからね」と、その人は涼しい顔で言っていましたが……。

　では、"自己申告"ではなく、社会的に認められている資格があれば英語が話せるかというと、そういうわけでもありません。 ビジネスパーソン必須のＴＯＥＩＣ Ｌ＆Ｒで、海外赴任に必要なスコアを750程度としている企業がありますが、そのレベルでは、まず海外では通用しないでしょう。

　言語能力については、来日する外国人にも同じことがいえます。
　現在、外国人の日本語力を測る基準になっているのは「日本語能力試験」だということは前にも触れました。この試験はＮ１からＮ５までの５段階で日本語力を評価するもので、Ｎ１が最高レベルとされています。実際、Ｎ１を取得するのは難しいのですが、それを取得した人でも発音には難があるというのが実態です。むしろ、Ｎ１取得者より、２段階下のＮ３しか持っていないコンビニの外国人アルバイトのほうが、普通に日本語が話せていることが多いのです。

日本で仕事をするうえでもっとも重要なのは、会話力です。その点、業界内では日本語能力試験は実態にそぐわないという声も多く、現在では日本語力を測る試験は10種類ほどに増えています。

　しかし、そのような試験に頼らなくても、**かなり正確に外国人の日本語力がわかる方法があります。**
　これは私が実際にやっている方法ですが、**話しかけてからの「反応」の速さを見る**のです。これで、かなりの精度で会話力がわかります。何かを質問したときにすぐに返事を返してくる人は、「できる」と判断します。
　また、日本語の能力は、個々人の差だけではなく、**民族や国籍によっても傾向があります。**例えばモンゴルやミャンマーの人は、母国語の文法が日本語と似ているため、スピーキングとリスニングが得意な人が多いという傾向があります。一方、ベトナムの人は勤勉な性格から、リーディングやライティングに優れている人が多い印象です。

　ちなみに、職場で日本語を教えようという場合、なるべく早く最低限の意思疎通が図れるようになるためには、**名詞を覚えてもらうことを優先的に進めてください。**難しい文法などがわからなくても、名詞がわかればなんとなく通じる部分もあります。
　その後は動詞です。名詞と動詞を覚えてもらうだけで、機械の動かし方や部品の取り付け方を伝えることができます。

　最初のうちは、なかなか日本語が通じなくて困ることもあると思いますが、それは相手も同じ。外国人は言いたいことを伝えることができず、ストレスをためている状況だということを理解し、日本語を教えてあげてください。

5. アニメが好きだと日本語の上達が早い

　いまやアニメや漫画などのコンテンツは、日本にとって重要な輸出商品です。『ワンピース』『ドラゴンボール』などは世界中で大ヒットしていますが、アジアで人気があるのが『NARUTO』です。主人公が忍者というところがエキゾチックで、魅力があるのではないかと思います。

　日本で働きたいと考えている外国人の中にもアニメ好きな若者はとても多く、そのような人たちは、**アニメに関心のない人よりも日本語力が高い傾向があります。**
　実際に現地の採用面接で、明らかに日本語の発音がいい人に「日本語が上手ですね。どうやって勉強したんですか？」と聞くと、ほとんどの人が「日本のアニメが好きで、いつも観ています」と答えます。
　研修期間中に日本語の単語テストを受けた人のうち、成績上位者はほぼ100％といっていいほど、日本のアニメが好きな人たちです。そういう人たちは、積極的に日本人に話しかけてきます。その姿からも日本語上達への意欲が伝わってきます。

　また、アニメが好きな人は、日本の街の名前や、日常会話に出てくる単語をよく知っています。最近では、会話の中で「めっちゃ〜〜」という表現をよく使っているのを聞きます。スペイン語の「ムーチョ(mucho)」のような響きのよさがウケているようで、「めっちゃ」は国際語になってきたと感じます。

では、なぜアニメ好きだと日本語が上手になるのでしょうか。

その理由を知りたくていろいろと話を聞いてみたところ、アニメ作品を字幕付きで観ている人が多いことがわかりました。何度も繰り返し観ているうちに、日本語の発音やイントネーション、日常的な表現に耳が慣れていくようです。**アニメはエンターテインメントでありながら、言語学習の優れた教材になっている**のです。

アニメ好きとそうでない人の何がもっとも違うかというと、感情の入り方です。「ありがとうございました」という言葉も、教科書で日本語を学んでいる人の場合は表面的な印象なのですが、アニメ好きな人の場合は言葉がクリアで、そこに気持ちがこもっているのがよくわかります。アニメを通じて「生きた日本語」に接しているからでしょう。

また、日本のアニメには当然ながら、日本の風景や生活様式が描かれています。そのため、日本での生活をイメージしやすいようです。**日本特有の文化的背景や価値観なども、作品を通じて自然に理解できている**のでしょう。

年配の社長の中には「アニメなんて……」と思う方がいるかもしれませんが、アニメの魅力に惹かれ、日本を好きになり、日本で働きたいという若者がアジアにはたくさんいるのです。

「好きこそ物の上手なれ」という言葉がありますが、彼らを見ているとその意味がよくわかります。楽しさが学びや成長への強力なエネルギーとなっているのです。

6. 仕事内容を正確に伝えるのが トラブル回避のポイント

　東北地方で監理団体の代表を務めている知人から聞いた話です。
　ある日、「こんな仕事だとは聞いてない！」と、建設業で働く技能実習生から大変な剣幕で電話がかかってきたそうです。
　彼は現場の足場を組む「とび職」の仕事だと聞いてその会社にやってきました。ところが、その会社の本業は足場の設置ではなく、建物の解体業でした。ですから、足場を組んだ後に解体作業が始まったのですが、彼はそんな仕事内容だとは聞いていなかったそうなのです。
　「業務内容は具体的に間違いなく説明してくださいと、企業側にお願いしたんですけどねえ……」と、知人はぼやいていました。

　実は、**外国人の雇用でもっとも多いトラブルが、事前説明の不足による仕事内容の認識の食い違い**です。
　そのようなことがないよう、私たちは必ず、面接時に「具体的に、何をしてもらうのか」を説明します。

　また、給料に関しても、説明と実際が違った場合はすぐにトラブルになります。もちろん、会社側が意図的に金額を変えたのなら、監理団体である私たちが会社に是正を要請しますが、対応に困るのは残業が少ないというパターンです。
　例えば、建設業の場合、季節によって仕事量が偏りがちです。繁忙期は毎日のように残業が続きますが、仕事が少ない時期には残業はなくなります。面接時にもその説明はしているのですが、たまたま日本

にやってきたタイミングが閑散期で1か月、2か月と残業のない日が続くと、「話が違う！」ということになるわけです。

　基本給だけでは母国への送金が減ってしまうということで、彼らも真剣に問いただしてくるわけですが、残業の有無は不確定要素も多く、また企業側の事情でもあるために、私たちではどうしようもなく、解決の糸口がつかめません。

　ほかによくあるのは、同じ建設業で、道路の工事の仕事内容をめぐるトラブルです。道路の工事はアスファルトを敷設するだけでなく、穴を掘る、石を入れてコンクリートを打つといった作業もあります。ところが、外国人たちが「こんな作業は聞いていない」と言い出すことがあります。これは経験者によくあるケースで、現地と日本で工事のやり方が違うために齟齬が生じる例です。

　確かに、説明不足と言われればそうかもしれませんが、現地と日本では工事の方法が違うなどということが、事前にわかるはずもありません。このような場合は、「日本のやり方はこうなんですよ」ということで納得してもらうしかないのです。

　最近では、こうした説明不足や誤解を防ぐため、求人票を送るときに、作業風景がわかる動画や写真を会社から提供してもらい、一緒に送付するようにしています。**動画や写真がある求人票は格段に応募者が増え、その後のトラブルにもなりにくい**のです。

　また、募集をかけた会社で同じ国の人が働いているなら、**採用面接のときにその先輩からオンラインで直接、応募者たちに仕事内容などを説明してもらいます。**これが後にトラブルを生まない理想的な形です。実際に働いている人が母国語で仕事内容を伝えてくれるので、応

募者の理解も格段に進みます。

　仕事内容・給料・住環境は、説明が不足していると必ずトラブルになります。だからこそ**動画や写真、先輩とのオンラインを通じた会話などを駆使して、より正確で詳細な説明をしてあげることが重要**です。

7. 問題が起きたら採用者の家族と解決する

　仙台市の食品加工会社が、初めてインドネシア人女性を技能実習生として受け入れたときの話です。
　その実習生は20代のラティさん。入国してから真面目に仕事をしていたのですが、3か月ほどたったある日から、会社を休むようになりました。担当者が部屋を訪ねて理由を聞くと、「家に帰りたい」と涙を流し始めました。ホームシックと職場での孤独感が原因だというのです。イスラム圏で育ってきた彼女にとって、日本は環境が違い過ぎたのかもしれません。言葉も通じない国で、これ以上暮らしていけないと思い始めたようです。
　温かく迎えてきたつもりだった会社の従業員も、どう対応すればよかったのかと迷い、私のもとに連絡をくれたのです。

　そこで私も「本人が寂しくて仕方がないというのなら、しばらく帰国させてあげたほうがいいかもしれませんね」と担当者に伝え、さっそく現地の送り出し機関にもその旨を伝えました。送り出し機関はすぐに家族に事情を伝え、「帰らせますか？」と尋ねたところ、母親が「私がラティと話してみます」と答えたそうです。

　その夜、ラティさんのもとにお母さんから連絡が。お母さんは次のように話したそうです。
　「日本で働くのがあなたの夢だったよね。あなたはもう立派な大人。自分で決めたのだから、簡単にあきらめないで」。

母親の励ましの言葉が彼女を元気づけたようで、ラティさんは翌日「もう少し頑張ってみます」と出社してきました。
　事情を知ったほかの従業員たちは、それまで以上にラティさんと話したり、一緒に食事をしたりとコミュニケーションをとるようにしたところ、少しずつ職場に馴染んでいき、いまでは会社の重要な一員として活躍しています。

　技能実習生の雇用では、問題が発生した場合、**「受け入れ企業」、「監理団体」、「送り出し機関」の三者が連携して問題解決にあたるのが基本**です。しかし、私は**家族も加えた「四者」で当事者を支えてあげるのが効果的**だと考えています。

　例えば、ケガをした場合も、会社→監理団体→送り出し機関の流れで連絡がいき、送り出し機関が家族に状況を説明します。会社から家族に連絡をとることはありません。
　知らせを聞いた家族からの「帰国させたい」もしくは「そちらで治療してから働いてほしい」といった意見は、送り出し機関に伝えられ、そこから監理団体→会社へと報告されます。
　しかし、今回のように本人が辞めたいと言い出した場合は、**家族から直接「頑張って！」と励ますことで、本人が前向きな気持ちを取り戻すケースが多い**のです。

　そのような背景があるので、私は、**受け入れ企業の社長には、なるべく採用した人の実家に行ってもらうようにしています**。全員の家をまわることはできませんが、可能な限り、採用した人の暮らしぶりを見てもらいます。
　家族はわざわざ社長が来てくれたことに感謝します。

一方の社長は、その暮らしぶりを目に焼き付けて帰ります。
　そのことで家族と会社の間に信頼関係ができ、会社側には責任感を持ってもらえるのです。

　外国人の雇用では、「家族」という見えない支援者を大切にすることが成功のカギだと私は考えています。

8. 「お金目的」の志望者を選ぶべき理由

　日本人は、あまりお金の話をしたがりません。また、お金にうるさい人に対しては、つい警戒心を抱いてしまいます。
　しかし、**外国人の採用に関していえば、お金にシビアな応募者ほど計画性があり、また職場でのトラブルも少ない傾向があります。**
　ですから、面接時などに根掘り葉掘りお金のことを聞かれても、「この人は妙にガメついな」などと勘違いしないでください。
　むしろ、「この人はきっと頑張ってくれるはず。しっかり報いなければならない」と考えてほしいと思います。

　こんな事例があります。埼玉県で食品加工工場を経営する社長が、技能実習生の面接のためにベトナムを訪れたときのことです。
　複数の応募者を前に給料やその他の待遇について説明を始めると、1人の応募者が「残業代は1時間あたりいくらですか？」「月にどれくらいの残業がありますか？」「それを合わせたら月にどれくらいもらえますか？」「どうしたら給料は上がりますか？」と、立て続けに質問してきました。
　ほとんど質問が出ない中、熱心にお金のことについて質問をしてくる様子を見て、社長はおそらく「なんでそんなに給料にこだわるんだろう」と感じたことでしょう。

　しかし、私から見れば、**細かくお金のことを確認する人は、計画性のある人**なのです。質問をしながら頭の中で、3万円は食費、5万円

を家族に送る、残りを貯金したら3年間で200万円貯金できる、残業代で旅行に行ける、などと計画を立てているのです。

　計画性を持って行動する人は、少々のことでは仕事を辞めません。健康にも気を遣います。ムダなトラブルも起こしません。そういう意味では、もっとも安心できるタイプなのです。

　ですから、その旨を社長にも伝えました。

　むしろ、お金に執着しない人は、入国後の行動に予測がつかない面があります。そもそも日本で働こうという人はお金が目的のはずなのに、求人票の内容さえ頭に入っていない人も意外に多いのです。

　お金に執着がない人だと、せっかく日本に来ても、仕事に身が入らないのではないかと少し心配になります。

　もう1つ、**重要なのが家族構成**です。家族構成は履歴書に明記されています。ちなみに履歴書には、これまでの職歴や視力、喫煙や飲酒の有無などまで書かれていますが、それらはあまり重視しません。

　それよりも**既婚者か、子どもがいるか、両親とも健在か**といったことを確認します。もちろん、すべての人がそうだというわけではありませんが、**養うべき家族がいる人は、熱心に仕事に取り組む可能性が高いだろうと期待できる**からです。

　外国人を雇用する場面では、お金に貪欲な人のほうが信用できると思って間違いありません。現実に向き合って正直に話す人は、誠実で計画性がある人が多いのです。反対に、お金のことを曖昧にする人や養うべき家族もいない人は、仕事への責任感や真剣さに欠ける傾向があります。**お金に貪欲な人ほどよく働いてくれる**——これは採用における重要な視点だと私は考えています。

第**7**章

国別・外国人の国民性とお国事情

　国民性の違いとして、よく「日本人はシャイだけど、イタリア人は陽気で誰とでもすぐ仲良くなる」などということが言われます。
　このような"国民性"は、1人1人の個人を見れば当然、当てはまらない人もいますが、「概ねそのような傾向がある」とは言えそうです。

　この考え方は、自社の仕事に合った外国人を採用する場合にも、活かすことができます。例えば、「正確な作業が求められる場合には〇〇人」「体力が必要な仕事なら△△人」といったことです。

　本章では、私が今まで出会ってきた外国人を振り返り、彼らのお国柄についての印象をお伝えします。どの国から人材を採用しようか迷ったときに、参考にしてみてください。

　ただし、繰り返しになりますが、その国の人すべてに当てはまるわけではありません。あくまで「そのような人が多い」ということで、理解してほしいと思います。

1. インドネシア人は温厚で協力的

　インドネシアの諺に「1つになれば強くなる。バラバラになれば滅びる」というものがあります。日本の諺でいえば「三人寄れば文殊の知恵」に近い意味ですが、この諺はインドネシアの国民性をよく表していると思います。インドネシア人には、協力的で温厚な性格の人が多いのです。

　インドネシア人は、大勢で働く際に、素晴らしいチームワークを発揮します。私もその光景を何度も目にした経験があります。
　プラスチック製品の製造工場で、インドネシア人の技能実習生たちがライン作業をしていました。しかし、その中の1人が、慣れない作業だったのか仲間のスピードについていけず、遅れをとってしまいました。すると、ほかのメンバーは、自然とその遅れた作業を補いながら作業を進めていったのです。
　誰も遅れた人を責めたりせず、互いに声をかけ合い、いつもと変わらず作業を進めていました。この様子を見た日本人が「彼らのチームワークのよさを見習いたい」と感心していたことを、よく覚えています。

　このように、親しみやすさを感じるインドネシア人ですが、**文化的な違いには注意**が必要です。彼らの多くはイスラム教徒で、日本とはかなり違った文化と生活習慣の中で育った人たちです。

特に異なるのが、宗教上の習慣です。ご存じの方も多いと思いますが、イスラム教の宗教的な行為が日常に根付いているのです。

まず、**ラマダンの期間中は、出勤日であっても日中は断食をします。**
食事もしないで仕事をするのはきついのではないかと思うのですが、本人たちは「子どものころからの生活習慣なので慣れています。全然問題ありません」と平然としています。
断食といっても数日間まったく食べ物を口にしないわけではなく、夜にはしっかりと食事を摂っているので大丈夫なのだそうです。

そのほかに**「ハラール」という食事の戒律もあります。**
イスラム教徒は、その戒律に従い豚肉は食べませんし、お酒も基本的には飲みません。ですから、バーベキューや花見、打ち上げ、忘年会などの会食や宴会では、イスラム教徒でも口にできるものは何か、事前に聞いておくと安心して参加してもらえるでしょう。
もっとも、最近の若い人たちの中には、母国でお酒を飲む人も増えていますし、信仰上認められているハラール食品しか受け付けないといった、戒律に厳格な人ばかりではありません。

信仰の深さも人それぞれですから、ラマダンやハラールへの対応は、基本的に本人に任せていればよいという部分もあります。
まったく無神経なのは論外ですが、過度に神経質になる必要もないと思います。

それよりもおそらく、イスラム教徒を受け入れるとなったときに気になるのは、**1日に数回ある礼拝(サラート)への対応**だと思います。次項で、それについてお伝えしましょう。

2. イスラム教徒のお祈りはまとめて夜にしてもらう

　インドネシア人のおよそ9割はイスラム教徒だといわれています。そして**イスラム教徒は、原則として1日5回のお祈り(サラート)をします。**
　そのお祈りの様子は、皆さんもテレビや動画で見たことがあると思いますが、仏教のように手を合わせて頭を下げたり、キリスト教のように十字を切ったりといった、その場ですぐにできるものではありません。ある程度の時間と、座って体を投げ出すスペースが必要になります。
　また時間帯は、「夜明け」「正午」「夕刻前」「日没」「夜」の5回あります。このうち、正午、夕刻前、そして季節によっては日没と、3回のお祈りの時間が勤務中にあり、残業がある場合には、夜の時間帯にもかかることがあります。
　そのため、「お祈りのたびに作業が止まってしまうのでは、業務に支障が出る」「お祈りのスペースを確保するのは、ウチではちょっと難しそうだな」と、イスラム教徒の採用に二の足を踏む会社があるのですが、実は、そのような心配はほとんどありません。
　イスラム法では、**仕事や移動などの特別な事情がある場合は、お祈りを数回分、あるいは1日分をまとめて行うことも、認められている**からです。
　ただ、それをよしとするかどうかは、個人の信仰の厚さによって違います。イスラム法では問題がないとされていても、個人の信条として1日5回のお祈りは絶対に欠かせないという人も当然います。

ですから、イスラム教徒の採用を検討する場合は日本に来てトラブルにならないよう、**求人票を提出する際に、お祈りを夜にまとめてもらえる人だけを対象とする**こともあります。

さらに、採用面接のときに「お祈りは夜にまとめてしてもらえますか?」と尋ねます。そこで承諾してくれた人の中から採用者を決めれば、業務にも支障は出ません。

なかには「ウチは気にしないから、昼も夕方もお祈りしてもらっても構わないよ」という方もいるかもしれません。しかし、実務的な面から、それはあまりおすすめしません。

お祈りの時間は5分ほどで、そのためのスペースも、周囲から見えない場所に座布団1枚分あれば足りるといわれますから、大したことではないように思えます。しかし、毎日数回ともなると、ほかの従業員との間に軋轢が出てくる可能性があります。

そもそも、外国人には工場や建設現場で働いてもらうことが多いため、お祈りのスペースを固定することは難しいのが実情です。また、現場で、数分とはいえ何人もが一気に抜けてしまったら、作業をいったん止めなくてはなりません。一般的な日本人であれば、不満に思っても仕方がないでしょう。

だからこそ、**「まとめてお祈りをすること」に同意してくれた人を採用するほうがよい**という考え方もあるのです。そうすれば、イスラム教徒を雇っても、ほかの従業員に負担がかかることもありません。

イスラム教は日本人からすると、違和感をもつ部分が多い宗教かもしれません。しかし、それだけ生活に根付いているのです。そこへ日本の常識を押しつけるのはNGです。それさえ守ることができれば、イスラム圏の人材は大きな戦力となるでしょう。

3. ベトナム人は勤勉・真面目で日本人に近い

　ベトナム独立の父として知られるホー・チ・ミンは、生涯を通じてさまざまな場所で「勤労は美徳」と説きました。また、「勤労が個人の尊厳を高める」とも語っており、その言葉はいまも多くのベトナム人の心に刻まれています。
　その言葉の通り、**ベトナム人の人材は勤勉かつ真面目**です。

　金属加工の工場で働いていたベトナム人男性は、仕事を教えられた日から一生懸命に作業に取り組んでいました。どんなに忙しいときでも丁寧に作業を進め、難しいことを頼まれても、不平や不満を口にすることなく責任を持ってやり遂げていました。
　特に、会社の方々が驚いたのは、彼の学習意欲の高さについてです。作業の手順をすぐに覚え、自ら積極的に学ぼうとする姿勢に、上司や同僚は「彼のような人なら安心して任せられる」と太鼓判を押していました。

　一言でいえば、几帳面で真面目、かつ熱心なのです。その点は日本人の価値観に近いものがあるので、お互いにやりやすいのでしょう。

　また、**性格的にシャイな人が多いように感じられる**のも、日本人と共通しています。決して陰気なわけではないのですが、私が知る限り、がむしゃらに前面に出ようとする人は少ないような気がします。

ただし、ベトナム人には、そのような物静かなイメージとは違う、もう1つの大きな特徴があります。**それはネットワークの広さと強さ**です。彼らの情報共有のスピードには目を見張るものがあります。

以前、日本でとび職の死亡事故が続いたことがありましたが、その後、とび職の求人に対してベトナム人の応募者がぱったり来なくなりました。
「あの仕事は危険だ」という情報が、SNSなどですぐにベトナム人のネットワークに拡散されたようなのです。ほかの国ではそのような傾向は感じられなかったので、ベトナム人同士のつながりの強さと、情報伝達の速さに驚きました。

ところで、日本人と傾向が似ているベトナム人ですが、日本語の習得という面においては少し気になるところがあります。
私が接してきたベトナム人を見る限りですが、**日本語の発音を苦手とする人が多い**ようなのです。ですから、ベトナム人を採用する際には、74ページで紹介したように、一目でわかるサインや張り紙といったビジュアルツールを多用するなど、円滑なコミュニケーションがとれる工夫をすることが必要です。

また、これもあくまで私の印象ですが、**中国人との相性はあまりよくない**ように思います。
もちろん、個々人でその傾向は異なると思いますが、社内に中国人がいる職場では、配置を考慮したほうがいいかもしれません。

4. モンゴル人は体力があり日本語も覚えやすい

　モンゴルと聞いて皆さんが思い浮かべるのは、広大な草原と遊牧民の生活、そしてモンゴル人力士たちの姿でしょう。モンゴルの英雄とも称される元横綱の朝青龍関や、同じく元横綱の白鵬関（現・宮城野親方）など、その強さは圧倒的でした。

　実は、**モンゴル人の人材は非常に体力があります。**私はこれまで幾人ものモンゴル人技能実習生を見てきましたが、我々日本人とは体のつくりが違っているのではないかと感じたほどです。

　特に印象深いのは、農業法人で働くモンゴル人実習生たちの姿です。彼らが真夏の炎天下での力仕事にも、音を上げることなく前向きに取り組む姿は、とても印象的でした。

　そのうちの1人であるバトさんも、初めて日本に来たときこそ厳しい夏の暑さに苦労していたようですが、忍耐強く毎日畑で汗を流して働いているうちに、暑さにも順応できたようです。

　それはバトさんが、遊牧民として広大な草原で育ち、自然とともに生きる力がとりわけ強かったということもあるかもしれません。

　雨の日も酷暑の日も、「モンゴルを思い出しますよ」と笑顔で働いていたことが強く印象に残っています。

　もう1つ、モンゴル人たちには際立った特徴があります。それは**日本語のうまさ**です。先ほど触れたモンゴル人力士たちも、その強さもさることながら、日本語のうまさにも定評がありました。

　特に朝青龍関は、日本語が流暢だったことでよく知られていました。

さすがにあのレベルになるまでには相当な苦労があったようですが、インタビューに答える彼の音声だけを聞いていると、まるで日本人そのものでした。

実は、モンゴル人の日本語が上手な理由は文法にあります。**モンゴル語は日本語と文法構造が似ているので、ほかの言語に比べて習得しやすい**そうなのです。実際に、モンゴル人の日本語の習得期間が、他国と比べて短いことを示すデータもあるようです。

それに加え、私の印象では、**モンゴル人は日本に対する興味が強い**ように思います。モンゴル人の人材が日本で早く溶け込めるのも、日本への強い興味が理由の1つといえるでしょう。

ただ心配な点もあります。**モンゴル人はお酒に強く、本当にいくらでも飲むのですが、そこで失敗してしまう人もいる**のです。

先に紹介したバトさんも例外ではありません。

一度、バトさんとお酒を飲んだことがあるのですが、ウオッカのような強いお酒を、まるで水のようにグイグイ飲み続けました。

こんなに飲んで大丈夫なのかなと思っていた矢先、バトさんの目つきと物腰が変わりました。普段は温厚でやさしいバトさんが、突然周囲を睨みつけ、モンゴル語で怒鳴り始めたのです。これには皆びっくりして、これ以上はまずいかもしれないということで、宴席は早々にお開きとなりました。

翌日、バトさんに「酔うと人が変わったみたいでびっくりしたよ」と話したら、「すみません、飲み過ぎました」と恥ずかしそうにしていました。農業法人の社長も「これから宴会や懇親会の酒の席では、バト君には注意しないとな」と笑っていました。

そのような一面もありながら、**モンゴル人は、過酷な作業にも力を発揮してくれる頼もしい人たち**です。

5. インド人はIT関係に強くプライドが高い

　インドといえば、多様な文化や宗教、そして近年では、IT産業の発展を思い浮かべる人が多いのではないでしょうか。特にインド南部のバンガロールという街は「インドのシリコンバレー」と呼ばれていて、ITの分野で世界的な注目を集めています。

　古い文明国のインドが、なぜIT分野で急成長したのか、不思議に思う方も多いかもしれません。その礎を築いたのは、1947年のインド独立後にスタートした理工系教育の改革です。これによってインド工科大学（IIT）という名門校が生まれ、世界を席巻するITエリートが次々と輩出されるようになったそうです。

　もともとインド人は数学的思考に優れた国民性といわれてきただけあり、ITテクノロジーとは親和性が高かったのでしょう。

　そのためインド人たちは、自分たちの技術がほかのどの国よりも優れている、という自負を持つ人が多いように感じます。

　だからといって、他人を見下すようなことはありません。

　冒頭でも触れた通り、インド人たちは異なる背景を持つ人々との共存に慣れていて、異文化に適応する力が強いと感じます。**環境が変わっても柔軟に対応できるのが、インド人の最大の特徴**だと私は思っています。

　最近もこんなことがありました。
　日本に来ること自体が初めてというインド人の技能実習生がいたのですが、就労当初は、細かく定められた規則や仕事のリズムに戸惑い

を見せ、慣れない環境ということもあって、沈んだ表情で毎日を過ごしていました。そんな彼の様子を心配した社長から連絡を受け、私も何回か会いに行ったくらいです。

しかし彼は、自分なりに思うところがあったのか、休憩時間に日本人の従業員たちと積極的に交流するようになりました。すると、みるみるうちに表情も明るくなりました。さらに、会話の中から日本の茶道や料理について興味を持つようになり、自分で調べたり学んだりするようになったのです。

そして、日本文化への理解を深めるうちに日本語のスキルも向上し、いつの間にか従業員のコミュニケーションの中心的な存在となっていたのです。まさにインド人の適応力の高さを実感した出来事でした。

このように、コミュニケーション能力が非常に高い反面、私の経験やインド人を多く監理する知人の話から判断すると、インド人は非常にプライドが高い人たちでもあります。**叱られるとモチベーションを失ったり、反発を招いたりする可能性があります。**「インド人を叱ってはいけない」とはよく言っているのですが、これはインド人人材を雇ううえでの鉄則といってもいいでしょう。100ページでも「外国人を叱ってはいけない」ということを説明しましたが、インド人の場合は特に、指導や注意をする際には慎重な配慮が求められます。

また、**インド人人材を雇用する場合は、その文化的背景にも配慮が必要**です。ヒンドゥー教徒やイスラム教徒が多く、食事ではベジタリアンもいますし、ハラール食を求める人もいます。

ですから、実際にインド人の採用が決まった際には、支援団体などに具体的な対応について相談したほうがよいでしょう。

6. ネパール人は粘り強く仕事をする

　ネパールは、中国とインドという2つの大国に挟まれた小国ですが、国内にはブッダの出生地であるルンビニがあります。そのため、ネパールではブッダが崇高な存在としてとらえられており、非常に強い思い入れがあることで知られています。
　余談ですが、ネパールには仏教徒のほかにヒンドゥー教徒も多く、かのブッダは、どちらにも影響を与えているといわれています。

　そのネパール人たちの間で浸透している諺の1つに「1つの手では拍手できない」というものがあります。
　これは、助け合いの精神を大切にするネパール人の国民性を象徴しており、実際に私も**ネパール人の勤勉さと、困った人に手を差し伸べる優しさ**を見てきました。

　ネパール人の技能実習生たちが働いていた建設現場でのことです。
　新しいネパール人実習生が入ったのですが、作業手順に慣れずに困っていたところ、その様子を見た1人のベテラン実習生が、すぐに手を差し伸べ、丁寧に作業を教え始めたのです。
　さらに、仕事が終わった後には一緒に食事をしたり、リラックスした雰囲気の中で話をしたりして、チーム全体の空気を和ませていました。
　このベテラン実習生のおかげで、新人実習生は早いうちに職場に馴染むことができたのです。

ネパールでは、家族やコミュニティを大切にする文化が根付いていて、困っている人がいれば助け合うのは当たり前だと考えています。そのため、**ネパール人は他人に親切で、職場でもすぐにチームに溶け込み、周りと協力し合うことが得意**だと私は感じています。

親しみやすさがあると同時に、働きぶりも勤勉で真面目。どのようなときにも手を抜かないところは、ベトナム人とも似ています。

日本で働くネパール人は、年々増えています。これは、ネパールから日本へ外国人技能実習制度を利用する人々が増えていると同時に、日本に留学する人が増加しているためです。

ただ、日本に来る技能実習生たちは、留学生たちに比べると、**日本の文化や時間の感覚に馴染むのに時間がかかる**傾向があります。また、母国語と日本語があまりにかけ離れているため、日本語の発音の習得に困難を抱えがちであるようにも思います。

ですから、ネパール人人材を雇い入れるときは、ベトナム人の場合と同じように、張り紙やメッセージボードを使ったコミュニケーションが必須です。

ネパール人は「困難な状況に耐え、目標を達成する力」が強いといわれます。彼らの粘り強さと協力を重視する姿勢は、職場の雰囲気をよくし、チーム全体の力を最大限に引き出す助けになってくれることでしょう。

7. ミャンマー人は民度が高い

　ミャンマーでは仏教が広く信仰されています。そうした文化的背景の影響なのか、これまで私が出会ってきたミャンマー人たちは、**穏やかで協調性のある性格の人が多い**ように思います。
　また、現地での教育制度がしっかりしているため、ミャンマー人の多くは高校卒業の学歴で基礎的な学力もあり、「民度」の高さを感じます。

　缶詰工場で働いていたミャンマー人の技能実習生は、いつも笑顔を絶やさず、どんなときも落ち着いて仕事に取り組み、周囲ともうまくコミュニケーションをとっていました。
　特に、チームで作業をする際には、誰かが困っているとすぐに手を差し伸べ、みんなで一緒に目標を達成しようと努める姿をよく見かけました。
　その実習生の優しい態度と協力的な姿勢によって、職場内の雰囲気が明るくなり、ほかの従業員たちからも人気がありました。

　また、職場を離れた日常生活においても、助け合いを大切にしながら暮らしていて、**他人と争うことなく穏やかに物事を進めるのが得意**という印象があります。

　その背景には、先ほども触れた通り仏教の信仰があり、彼らは総じて宗教的な行事や仏教の習慣を大切にします。ですから、ミャンマー

人を雇用する企業は、彼らの宗教行事や戒律（五戒）に理解と配慮が必要です。信仰心の厚い人だとお酒も飲まず、肉食を避ける人もいます。

ただ、**2021年に軍事クーデターが起こってから、状況が変わってきているのも事実**です。クーデター後の混乱は、国民の暮らしにも暗い影を落としています。ミャンマー国内では自由な発言や行動が制限され、多くの人が将来への不安を抱えています。

また、クーデター以降、ミャンマー国内では就業の機会も減っており、以前のような教育や就労が困難になっていると聞きます。

その結果、国外への移住を希望する人が増え、**日本に来る技能実習生の中にも、母国の不安定な状況から逃れるための選択肢として渡航を決めた人が多くなっている**のです。

これまで日本の企業で働くミャンマー人たちは、事前に日本語を学び、日本の文化や習慣への適応力を高めてから来る人が大半でした。母国の教育制度と仏教文化によって、基本的な知識やスキルを身につけていることはもちろん、「思いやり」や「協調性」を持っている人が多く、その仕事ぶりへの評価は高いものでした。しかし、そのような不安定な情勢下において、今後は少し評価が変わってくるかもしれません。

ただ、そうした国内情勢の影響を受け、**ミャンマーから日本への留学や就労を希望する人は、増えていくことが予想されています。**

日本で働く技能実習生の人数も、現在はインドネシア人が半数を占めていますが、やがてはミャンマー人が上回るともいわれています。

第**8**章

こんなときどうする？
トラブル事例解決集

　日本人、外国人を問わず、従業員によるトラブルはつきものです。いわゆる"問題社員"を抱え、頭を悩ませている経営者の方も少なからずいるのではないかと思います。

　ところで、一口に"トラブル"といっても、外国人の場合、原因だけでなく内容そのものが、日本人と大きく異なることがあります。

　そこで本章では、対処法がわからないようなトラブルに遭遇した場合、どうするべきかを解説していきます。

　「日本人相手だったら、きっとこう対応するのが正解だろう」という思い込みで解決に乗り出してしまうと、事態が一層複雑になるケースも少なくありません。

　正しいトラブル解決法を知って、よりよい人間関係の構築に役立ててください。

1. 不法就労は雇用主も処罰される

　2024年のことですが、関東地方の食品加工会社の社長が、在留資格のない外国人を働かせていたとして逮捕され、裁判で懲役1年、罰金60万円の判決を下されました。執行猶予はついたものの、20人近い不法就労の外国人労働者が一斉に検挙されて強制送還となり、会社はすぐに休業に追い込まれました。

　不法滞在と気づきながら雇用した理由について社長は「大口の発注に製造が追いつかず、やむを得なかった」という趣旨のことを話しています。もともと求人はしていたものの、まったく応募がなくて困っているときに、仕事を探しているという外国人を紹介されたのがきっかけだったそうです。「忙しい時期だけのつもりが、いつしか欠かせない労働力となってしまった」とも述べています。

　ここ数年、全国的に知られるラーメンチェーンや老舗食品メーカーなど、外国人を不法に就労させた会社が検挙され、責任者が逮捕される事件が多発しています。

　人手不足が深刻になる一方の日本。猫の手も借りたいときに、肉体労働を嫌がらない外国人は心強く思えるでしょう。

　しかし日本では、不法就労は法律で厳しく禁じられています。「知らなかった」では済まされません。会社は外国人を雇う際、在留資格を確認する義務があるからです。

　ただ、在留資格は29種類もあり、仮に不法滞在ではないとしても、それぞれに在留期間や「できる仕事」と「できない仕事」などの就労

条件が細かく規定されているため、それらすべての内容を理解することは難しいと思います。それでも、在留資格に違反すれば不法就労になってしまいます。

したがって、**外国人労働者を雇うなら、在留資格に詳しい行政書士のような専門家に相談することをおすすめします**。そのひと手間を惜しむと、後で大変なことになります。

また、最近では**外国人が在留カードを偽造することもあります。**確認しても偽造だとは気づかなかったという場合など、会社に非がなかった場合は「注意」で済みます。

しかし、たとえ会社側に非がなかったとしても、何度も繰り返すようなことになれば、裁判で有罪判決を受ける可能性もあります。そして、有罪が確定した段階で、外国人の受け入れ停止処分を受けることになります。そうなれば、雇用している外国人は全員働けなくなり、会社も休業を余儀なくされかねません。

不法滞在が発覚するきっかけとして多いのは、街中で警官に在留カードの提示を求められたときです。そこで不法滞在だとわかったら、会社に捜査の手がおよび、責任者が逮捕されることになります。

2023年は技能実習生の失踪者が9753人と、過去最多となりました。その失踪者がもしどこかで仕事をしていたら、立派な不法就労です。不法就労は深刻な社会問題にもなっているので、警察も検挙に力を入れています。

会社が黙っていればバレないと思っても、職務質問を避けるために外国人が外に出ないよう部屋に縛り付けておくことはできません。**「知らなかったでは済まされない」**。肝に銘じておきたいものです。

2. 女性が妊娠した場合の対応は本人の意思が第一

「うちで雇ったミャンマー人の女性技能実習生が、おめでたらしいんですよ」。

先日、東北地方の食品工場の社長から連絡がありました。

そのミャンマー人女性は24歳。日本に来て約1年が過ぎようという時期でした。彼女と同じタイミングで日本に来たミャンマー人の男性技能実習生と講習センターで知り合い、3か月ほどたって付き合うようになったといいます。

2人は、技能実習生としての3年間の実習を終えたら、結婚の約束をしているとのこと。当の社長はうれしそうでもあり、大事な労働力が欠ける心配もあり、複雑な気持ちのようです。

かつての日本では同様のケースの場合、妊娠した女性はほぼ強制的に帰国させられていたそうです。しかし、**いまは外国人にも日本人と同じ労働基準法が適用されます。**妊娠などの理由で解雇することはできませんし、本人が望めば産休も認められます。

しかし、**外国人技能実習制度は、現地の人が日本で仕事を覚えるために設けられた制度**です。そのため、**3年間は同じ職場できちんと働くことが、ある意味義務**となっています。

技能実習生は現地での半年の研修期間中、そのことを学んでいま

す。私たちも「仕事の中断や、辞めざるを得ないようなことは避けてください」とは伝えています。だからこそ、おめでたい話とはいえ、社長としては手放しでは喜べないのです。

女性が妊娠した場合、一番重要なのは本人の希望を聞くことです。産休をとって日本で産むことを望むなら、その希望に沿って体制を考えます。また、母国に戻って子供を生み、再び日本に戻って働くという方法もあります。

日本語があまり得意ではない技能実習生の場合なら、監理団体も会社と本人が話し合う場に参加して、本人から希望を聞きます。

ただこのような場合、私の経験では、子育てをしながら働き続けた人はいません。最初はそれを望んでいても、言葉がほとんどわからない日本で働きながら子育てをする難しさに、本人が気づくのでしょう。

子どもは母国にいる自分の親に預けて自分は日本で働き続けるか、あるいは、母子ともども母国に帰ることを選択するケースが100％でした。

彼女たちの気持ちを左右するのは母親の言葉である場合が多いようです。冒頭で紹介したミャンマー人女性も、「帰っておいで。赤ちゃんは家族みんなで育てるものよ」という母親の温かい言葉で帰国を決め、いまは母国で結婚相手の期間満了を待ちながら、子育てをしています。

3. 遅刻・無断欠勤が続く場合は支援団体に相談を

　ビジネスの世界で「時間厳守」は当たり前。ところが、外国人の場合、必ずしもそのような認識はありません。

　遅刻をする人には当然、注意をしますが、外国人の中には「なぜそこまで厳しく叱られなければいけないの？」と感じる人もいるのです。

　しかし外国人には、技能実習生であれば、日本に来る前の研修期間で日本は時間に厳しいことを伝えていますし、特定技能の場合も、そのことは理解しているはずです。それがわかって日本に来ているはずですから、注意をするのは当然なのですが、問題なのはそれでも聞かない場合です。**そのようなときは、自分たちで解決しようとせず、支援団体に相談してください。**

　私が相談を受けた場合は、**話し合いの場を設け、本人から理由を聞きます。**大半は本人が悪いのですが、まれに企業側に原因がある場合もあります。ですから、本人からはかなり細かく話を聞き出します。

　その結果、明らかに本人の認識が欠けていて、「今日から気をつけます」と反省するなら、しばらく様子を見ます。
　それでたいていは直りますが、それでも改善しない場合は、国に帰ることもすすめます。

一方、本人が日本語や仕事を覚える努力もせず、ただ不満だけを言っている場合もあります。そういうときは私から「会社に不満を言うなら、あなたも努力している姿を見せないと会社も配慮はしてくれないよ」といった助言をすることもあります。**そこまで話せば本人も気持ちを改めて、続けて働くことを選択することがほとんど**です。

　もう１つ問題なのは、会社側の暴言や暴力が原因の場合です。外国人からその事実を聞いた場合、技能実習生であれば、**私たち監理団体は外国人技能実習機構に報告する義務があります。**

　報告義務を怠れば監理団体としての認可が取り消しになりますから、黙って隠すわけにはいきません。「なんで報告したんだ」と怒る会社もありますが、こちらも監理団体としての存続がかかっている以上、手心を加えるわけにはいきません。

　報告を受けた同機構はその会社を訪問し、事情を聞き、改善を求めることになります。**改善が見られないと、技能実習生受け入れ停止処分となることもあります。**

　その場合は、技能実習生本人が希望すれば、別の職場を斡旋します。技能実習生は転職はできませんが、この場合は「転籍」という形で職場を移ることができるのです。

　もともとお金を稼ぎたくて日本に来た人たちですから、遅刻や無断欠勤には何か事情がある可能性もあります。**手間を惜しまず、また予断を持たず、対処してもらいたい**と思います。

4. お金のトラブル・盗難・借金にはタッチしない

　親しい友人とはお金の貸し借りはするな、とはよくいわれます。お金の貸し借りで起こるトラブルは、どんなに固い絆も簡単に引き裂いてしまうからです。
　とはいえ、生きるうえでお金のトラブルはつきもの。母国を離れて日本で働く外国人ならなおさらです。
　彼らが日本でお金の問題を抱えることになったとき、頼るのは誰かといえば会社の社長です。職場に同じ国の人がいたとしても、とてもお金をあてにはできないでしょう。
　しかし、**いくら頼りにされても、受け入れ企業が外国人のお金のトラブルにタッチするべきではありません。**
　お金を貸すことが、マイナスの連鎖を生むこともあるからです。

　監理団体や、技能実習生が入国後に入る講習センターでは、お金の貸し借りは禁止だと教えます。しかし、同じ部屋に住む外国人同士では、お金の貸し借りはやはりあります。その結果、お金を借りた人がある日突然姿を消してしまった、というケースも多々あります。
　また、1部屋に3人で住んでいて、国に送金する際の手数料を抑えるため、毎月持ち回りで1人が3人分のお金を自分の口座から送る、という工夫をしている人たちがいました。ところがある日、ほかの2人分のお金を持ったまま、送金係の1人がいなくなってしまった、ということもありました。
　社長としては、相談を受けてそのような事情を聞けば、貸してあげ

たくもなるでしょう。それでも私は止めます。一度融通してしまうと、お金のことを相談するハードルが低くなるからです。困ったら会社に頼めば何とかしてくれると、気持ちが大きくなって倹約を忘れ、お酒や遊びに費やしてしまうことも考えられます。また、前借りが常習化する人も出てきます。さらには裏賭博に手を出して、働いても返せないほど負けてしまい、失踪してしまう人もいます。たとえ相談されたとしても、違法賭博で膨らんだ借金を会社が肩代わりしたら、会社が罪に問われます。

　そのほか、外国人のお金のトラブルでよくあるのは、スマホを安く買おうとネット通販で購入したところ、詐欺サイトだったというケース。あるいは、友達から「カードでしか買えないものがあるから、クレジットカードを貸してほしい」と頼まれたというケースです。カードを渡して暗証番号まで教えたところ、30万円も使い込まれ、その後、その友人が姿を消したという相談も過去にはありました。

　30万円の話を聞いた社長の場合は、さすがにかわいそうだとその外国人に30万円を貸し、毎月給料から天引きするという救済措置をとりました。大いに感謝した彼は、それまで以上に仕事に精を出し始めたそうです。事情によっては会社が関与することも、よい結果を生むことはあるようです。

　ただし、別の人で同じことがあったらどうするのかと思うと、少し気になります。もし同情できない事情の場合、アイツには貸したのにオレには貸してくれないのか、ということにもなりかねません。

　昔から「金の切れ目は縁の切れ目」といいます。**なるべくよい関係で働いてもらうためにも、「会社はお金のことでは相談に乗ってくれない」と思ってもらうのがいい**と私は思います。

5. 寮は定期的に点検してマリファナを栽培させない

「ウチの寮でマリファナ育てています！」。
いきなりそんなことを言われたら、驚くことでしょう。しかし、これは首都圏のある会社の寮で実際にあったことです。そんなはずがないと思って部屋を確認すると、押し入れの中にびっしりと並ぶ、鉢植えと照明器具。担当者は愕然としたそうです。

会社側が警察に通報した結果、栽培に関与した1人の技能実習生が強制送還となりました。
その後、企業側は冷や汗をかきながら、警察や監理団体と大忙しで対応に追われたと聞いています。

会社の寮の担当者は、定期的に部屋の点検はしていたそうです。とはいっても、ワンルームの部屋が基本なので、玄関を開けて部屋の中を見て終わり。押し入れの中までは覗かなかったといいます。

マリファナの栽培に限らず、**外国人が思わぬトラブルを起こしたり、違法行為をしてしまったりするケースは多々あります。**
飲み過ぎた外国人同士が喧嘩を始めて、警察沙汰になることもあります。異なる文化のもとでの暮らしです。狭い寮生活が続けばストレスもたまります。お酒で憂さを晴らしたい気持ちもわかります。しかし、過ぎればたまっていた同僚への鬱憤をつい口に出してしまい、口論になることも起こりがちです。

また、寮によっては、男女が住んでいる場合もあります。もちろん、構造的に行き来できないように配慮されていても、同じ場所に住んでいれば、恋愛トラブルなども起こり得ます。実際に、恋愛トラブルから殺傷沙汰になった事件も起きています。

ほかにも最近では、ベトナム人グループが畜産農家からブタを盗み、解体して販売するといった犯罪もありました。もしその中に自社で働いている外国人がいたとしたら、一大事です。

技能実習生を受け入れている会社の生活担当者は特に、彼らの普段の生活面にも目を光らせておく必要があります。例えば、ベトナム人は畑を借りたがる傾向があります。それは、彼らにとって自分で食べる野菜は自分で作るのが当たり前だからですが、お金のためにマリファナを育てようと持ちかけられたとすると、さほど罪悪感もなく植えてしまうこともあるかもしれません。

技能実習生、特定技能を問わず、**会社で雇っている外国人の違法行為を見つけたとき、まずは支援団体に相談しましょう。**万が一、違法行為を隠してしまったら、会社の責任が問われることになります。

また、**普段から寮や職場のルールをしっかりと伝え、面倒でも定期的に寮の部屋を点検することも重要**です。

6. モデルガン遊びが家宅捜索に発展することも

　20歳のモンゴル人技能実習生の話です。
　ある日、警察から受け入れ企業に電話がありました。
　社長は何事かと用件を尋ねたところ、その技能実習生の家宅捜索をさせてほしいというのです。社長は慌てて「彼が何かしでかしましたか？」と聞いても、警察は「今は何も言えません」と言うだけ。
　よくわからないまま、家宅捜索を承諾したところ、警察は「本人には黙っていてください」と言い残して、電話を切ったそうです。

　幸いだったのは、社長が変に騒がず、すぐに私のもとに電話をくれたことです。私もその話を聞き、一瞬驚きましたが、「ここは冷静に対処しましょう」と伝えました。

　私がまず思い浮かべたのは、マリファナの栽培です。社長は、「本人に聞いたほうがいいですかね？」と言うので、「それとなく本人に聞いてみてもらえますか？」とお願いしました。もう1つ、生活担当者に彼の部屋を点検してもらうように頼み、「そのときは押し入れの中も確認してくださいね」と念を押しました。

　数時間後、再び社長から電話があり、「何もなかったみたいです」との連絡が来ました。しかも、本人を呼び出し、「警察の厄介になりそうなこと、していないよな？」と尋ねたというのです。
　すると、本人はきょとんとして、「いえ、何もしていないです」と

答えたといいます。

「よく考えろ。マリファナとかやってないか？ 何か心当たりがあるなら、正直に言いなさい」。

「本当に何も悪いことなんかしていません。ただ、少しお酒を飲み過ぎたことがあったかもしれません」。

お酒以外は何も心当たりがないということでした。

「これから家宅捜索に入ります」。

数日がたち、警察から連絡が入ったので、社長も私も立ち会いました。警察はしばらく部屋の中を物色していましたが、結局何も出てきません。そこで初めて真相を教えられました。

なんとその技能実習生が、埼玉県の路上で拳銃を持ち歩いている姿が、防犯カメラに映っていたというのです。

それを聞いて本人が「あっ」と声を上げました。少し前に友人と埼玉に遊びに行ったとき、友人がモデルガンを持ってきていたので、そのまま街の中を歩いていたそうです。

それを聞いて、警察は早々に帰っていきました。もちろん彼は、何のお咎めもありませんでした。

結局何もなかったわけですが、警察が、外国人についても、防犯カメラの映像だけでこれほど素早く本人を特定し、勤務先まで割り出せることに、改めて驚きました。

日本の捜査機関は、外国人の犯罪に関して目を光らせています。**何か不審なことや予期しないことが起きたときには、すぐに支援団体に相談してもらいたい**と思います。

7. 女性同士のトラブルは自分たちで解決させる

　同じ部屋で他人と同居する寮生活では、何かとトラブルが起きます。特に、女性同士はトラブルになりやすい傾向があります。原因は**「掃除」**と**「深夜の電話」**です。

　埼玉県の縫製工場で働く20歳のベトナム人、ミイさんとランさんのケースも、原因は掃除でした。

　ある日、会社の生活担当者のもとにやってきて、「部屋を変えてください！」と訴え始めたミイさん。担当者が事情を聞くと、言葉がよくわからないものの、同じ部屋のランさんについて「汚い」「掃除しない」と言っていることはわかりました。

　そこで担当者は、同居しているランさんを呼び、「あなたお部屋を掃除しなきゃダメじゃないの。わかった？」と言ったそうです。ランさんは、プライベートに踏み込まれてカッとしたのか、「ソウジ、やってるよ！」と怒り出したのです。

　以来、2人は職場でも険悪なムードを露わにするようになってしまったため、担当者から私の組合に相談が来ました。

　私は常々、**「女性同士の生活上のトラブルは、本人同士で解決させてください」**とお願いしています。会社が介入すると、余計にもめることが多いからです。そして、この場合はもめたあげくに解決せず、相談が来たというパターンでした。

　20歳くらいの女性同士のトラブルは、大人が聞けばどちらかが「わ

がまま」を言っているように聞こえるものです。しかし彼女たちには、必死で守りたい何かがあることも理解する必要があります。
　といっても、会社が労力を使うようなことではありませんから、**後は支援団体に任せれば大丈夫**です。

　このような場合、会社がほかにも外国人を雇っていて、ほかの部屋との入れ替えが可能ならば、同居メンバーを入れ替えることも含めて検討します。ただ、ほかに外国人がおらず、会社が借りている空き部屋がなければ、1人のために部屋を借りるわけにはいきませんから、本人同士で解決策を考えるしかありません。**そもそも採用の条件として、同居人とは協力して生活することが規約にも書かれている**のです。

　ちなみに私の組合では、**母国語がわかるスタッフが、双方から細かい部分まで事情を聞き出します。**例えば、掃除をしない人がどれほどルーズなのか。深夜の電話をする人は、何時ごろまで続くのか。状況を詳しく聞いたうえで、話し合いの場を作ります。
　そこで双方の言い分を整理して、どうすれば解決できるか、2人で考えてもらうのです。たいていはルールを決めて、守れなかったらペナルティを課す、といった取り決めをすることで一段落します。
　また、明らかにどちらかが悪い場合は、「私が気をつけます」と折れて収まることもあります。

　トラブルを防ぐためには、77ページでも説明したように、**採用時に同居メンバーを決めてもらうのがベスト**です。そのつもりで日本に来れば、トラブルも少なくなります。
　私たちはトラブルの解決法を数多く知っていますから、些細なことでも、困りごとがあれば支援団体に相談してください。

8. 死亡事故を起こした会社は外国人を採用できない

「現場で死亡事故が発生。外国人の受け入れは5年間停止に」。
――実際に日本で起こった話です。建設現場で働いていた技能実習生が、高所で転落防止用の「安全帯」を装着せずに作業をしていた際、誤って転落し、命を落としました。
この事故では、会社側の安全対策不足が指摘され、技能実習生だけでなく、特定技能などを含む外国人すべての受け入れが、5年間停止されたのです。

普段は何でもない作業でも、ちょっとした油断で事故は起きてしまいます。特に、建設現場や工場などではさまざまな機械を扱うため、1つ作業手順を間違えたことが事故につながったり、毎日行っている高所での作業中に誤って脚立から落下してしまったり、といったことが起こり得ます。

ある現場では、クレーンから鉄製資材が落下し、技能実習生の頭上に落ちました。そのとき、たまたま技能実習生がヘルメットを着用しておらず、亡くなってしまいました。この事故の裁判では、会社が適切な安全管理を怠ったとして、責任を問われることとなりました。

ほかにも、クレーン車を使用するときに、車を支える足（アウトリガー）を出しておらず、外国人が転倒してケガをしたというケースもありました。

日頃から安全意識を徹底していたとしても、「たまたま」はなかなか防げないのが実情です。

このように、死亡事故など労働災害が起こった場合、労働環境の安全対策に不備がなかったか、労働基準監督署などがそのときの現場の状況を厳しく調べます。

もし**「労働安全衛生法」という法律に違反していた場合、外国人の受け入れ停止処分を受ける可能性もあります**。事故の当事者が日本人であった場合でも、会社もしくは監督責任者に違反があった場合は、同様の処分が下る可能性があります。

受け入れ停止処分になるのは、死亡事故が起こった場合だけではありません。軽いケガでも、何度も繰り返し負傷者が出ている場合は、安全基準に問題があるということで調査が入り、もし労働安全衛生法違反が見つかれば、受け入れ停止処分になる可能性があります。

このように、**会社に労働安全衛生法の違反があった場合は、外国人雇用に関しても何らかのペナルティが課される**ということを知っておいてください。

ここまでは技能実習生の話でしたが、特定技能の場合は、少し手続きが変わります。

特定技能は、基本的に日本人従業員と同じ扱いになるので、日本の労働法規に準じた扱いになります。そのうえで、特定技能の場合は、登録支援機関という団体が労働環境のサポートをすることが義務づけ

られているので、その団体が現場の調査に参加することになります。

そして、もし現場の労働環境が劣悪だった場合は、会社が受け入れ停止処分を受けることもあります。また、そのことを登録支援機関がまったく把握していなかった、もしくは知っていても放置していた場合は、登録支援機関が認定を取り消されることもあります。

職場での安全は企業の責任です。事故を防ぐには、現場のルールを徹底するしかありません。企業には、従業員全員が安全意識を持って仕事をすることができるよう、工夫を重ねていくことが求められるのです。

こんなときどうする？ トラブル事例解決集　第8章

9. 日頃の挨拶で地元住民とのトラブルを回避する

「燃えるゴミは水曜日と土曜日」「紙ゴミは隔週の木曜日」——。

そう言われて、「紙も燃えるゴミでは？」と、不思議に思ったことがある人も多いことでしょう。

最近のゴミ出しは複雑です。「ペットボトルはラベルをはがして、凹ませて捨てて。でも、キャップは一緒に捨てないで」となると、1回聞いただけでは理解不能だったりします。

しかも、地域ごとにルールが微妙に違うため、覚えるのもひと苦労です。

実は、**外国人が日本の生活でもっともトラブルになりやすいのが、このゴミ捨て**です。受け入れ企業から、「ゴミ出しのことで役所から注意された」とは、よく聞く話です。

地域の住民は当初、外国人たちに注意するのですが、改善されないと役所に苦情を訴える、というのが典型的なケースです。

私たちは、ゴミ出し等のトラブルは、会社の生活担当者に対応と指導をお任せしていますが、話がこじれて母国語での説明が必要になった場合には、通訳を入れるといった協力をします。

最近では、行政が外国語に翻訳されたゴミ出しに関する説明書を用意していることもあり、それを本人たちに渡すようアドバイスすることもあります。もし外国語版がない場合は、支援団体が日本語の説明

書を翻訳するという対応もします。

　一般的に外国人が地域住民ともめるのは、彼らが地域に溶け込めていないことが原因です。日頃からコミュニケーションをとっていれば、もめる前に地域の人が教えてくれたり、多少のことは大目に見てもらえたりするようになるからです。

　厳しい視線でチェックされるか、あるいは何かあっても多少は許してもらえるか、その違いは、日頃の挨拶から生まれます。

　私たちは、**外国人が引っ越しをした場合、借り上げアパートなら両隣はもちろん、周囲10軒、20軒くらいは挨拶に行くようすすめます。**
　直接挨拶をして、勤め先などを伝え、何かあった場合の連絡先として、会社の電話番号を記載した紙などを渡してもらいます。
　直接会えない場合には、挨拶と連絡先を記入した紙を袋に入れて、ドアノブにかけておいてもらいます。
　また、地域の人には「おはようございます」「こんにちは」「こんばんは」程度の挨拶はしましょうと伝えています。

　私たちは3か月に1回、技能実習生の受け入れ企業に監査に行きます。そのときに、技能実習生の暮らしぶりも確認します。
　日頃から地域の人たちに挨拶をしている技能実習生は、住民に声をかけられたり、親しく会話をしたりする光景が見られます。
　反対に、挨拶もせず地域との交流がない人の場合、周囲から警戒されている雰囲気を感じることが多くあります。

　20代の若者が異国の地で暮らせば、失敗もします。夜中にギター

などの楽器を弾いたり、大勢で酒を飲んで大騒ぎをしたりしてしまうこともあります。

　そういうとき、地元に溶け込む努力をしている人たちは、軽く注意されるくらいで終わります。しかし、地域と馴染めていない人たちは、住民に怒鳴られたり、警察に通報されたりすることもあります。

　ですから、**会社の生活担当者には、ゴミ出しと日頃の挨拶だけは外国人にしっかりと指導してもらいたい**と思います。それがトラブルを減らす効果をもたらします。

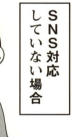

第 **9** 章

優良支援団体を見極める7つのチェックポイント

　初めて外国人を雇用する場合、採用を考えている人が技能実習生であれば「監理団体」に相談し、採用から就労までの手続きについてほぼお任せで進めていくのが一般的です（採用予定が特定技能の場合には、「登録支援機関」に相談します）。
　つまり、企業がよい外国人人材に出会えるかは監理団体次第、という側面が大きいといえます。

　また、就労までのプロセスのほかに企業がストレスを感じるのは、就労開始後のトラブル対応でしょう。言葉がうまく通じない分、もどかしい思いをすることもあるかもしれません。
　そのようなとき、しっかりと会社と外国人の間に入り、トラブル解決に取り組んでくれる監理団体であれば、企業としても安心でしょう。

　本章では、そのような優良な監理団体を選ぶためのチェックポイントについて紹介します。
　監理団体とは少なくても3年は付き合うことになります。だからこそ、自社に合った監理団体を選ぶことは非常に重要なのです。

1. 通訳スタッフを自前で雇用しているか

　私たちのような、技能実習生を支援する監理団体は、全国に約3800あります。その選び方のポイントついては65ページでお伝えしたように、会社に近いエリアにあること、熱心に情報発信をしていることなどがありますが、その中の1つに**「通訳スタッフを自前で雇用していること」**があったのを覚えているでしょうか。

　実は、同じ事務所の中に通訳がいることは、技能実習生、特定技能を問わず、外国人にとって重要な意味があります。そこで、通訳について、もう少し深掘りしておきましょう。

　通訳には大きく分けて2種類あります。1つは、監理団体や登録支援機関など、外国人の支援団体が正規スタッフとして雇用している通訳。もう1つは、団体と契約はしているものの、正規のスタッフではない、いわば外部の通訳です。

　特にトラブルが起きていない平常時であれば、内部スタッフ、外部スタッフのどちらでも大差ないのですが、いざ外国人絡みでのトラブルが発生したときには、内部に通訳がいることは大きなアドバンテージとなります。**トラブル処理は迅速に行うことが必須だから**です。

　例えば、外国人と日本人が現場で口論となり、外国人が日本人をなぐってしまったとしましょう。

支援団体としては、いったい何が原因だったのか、どのような状況で手を出してしまったのか、現状どうなっているのかなど、日本人と外国人の双方から聞き出し、対応を考える必要があります。

このとき、電話口に通訳がいて、リアルタイムで外国人の話を聞くことができれば、その場で話し合いも進み、対処法も考えられます。

しかし、**もし通訳が同じ事務所にはいない外部スタッフだとしたら、リアルタイムでの対応は無理**でしょう。支援団体が、何があったのかを通訳に説明したうえで、外国人から話を聞いてもらい、それを受けて会社側に外国人の言い分を伝え……という流れになるので、一通りの対応が完了するのに数日はかかりそうです。

さらに、事情がわからない通訳が外国人に対して「あなたが悪い」と指摘することで、通訳と外国人までもが、もめてしまうこともあります。

トラブル時の通訳には、言語の能力だけでなく、外国人の立場を理解したうえでのコミュニケーションが求められます。

だから、**いろいろな事情を理解できる、自前の通訳がいる支援団体がおすすめ**なのです。

とはいえ、自前で通訳を雇える団体は、一部の大手に限られるのが実情です。

通訳を重視して都市部にある大手を選ぶか、あるいは、近所にあったほうが安心ということで会社の近くの小規模団体を選ぶかは、今後の外国人雇用計画などを検討したうえで決めることだと思います。

ただ、できれば通訳を自前で抱えている団体を選ぶほうが、後々のことを考えれば安心だといえるでしょう。

2. 問題が起きたらすぐ対応できるか

　電話からメールへ、そしてメールからSNSへ——。
　ビジネスでの連絡手段は、どんどん進化しています。込み入った内容で、電話で説明せざるを得ないようなケース以外、通常の連絡はLINEやMessengerなどのSNSで済ませているという人が多いのではないでしょうか。

　私たちも、**監理している技能実習生と連絡をとるときは、基本的にはSNSを活用しています。**

　もちろんメールや電話も、いまだに有効なコミュニケーション手段ではあるのですが、急ぎのときには役に立ちません。メールだと相手からの返事がいつになるかわからず、下手をすると翌日になってしまうこともあります。

　それに比べれば、電話は確かに速いですが、肝心なときにつながらないことが多いのが難点です。さらに、折り返しの電話が来ても、こちらが出られないこともあります。SNSであれば、迅速かつほぼ確実に相手に届きます。

　さらに、電話と違って、SNSなら外国人と直接連絡がとれます。**そもそも外国人は電話番号を持っていないため、SNSしか通信手段がないというのが実態**なのです。

ゴミ出しのトラブルも、外国人はなぜ叱られているのかわからない、といったことが多くあります。そのようなときに、事務所内に通訳がいる支援団体であれば、すぐに通訳スタッフが住民や会社に事情を聞き、ＳＮＳで外国人に伝えることができます。

　外国人には「資源ゴミの日なのに、燃えないゴミを出しているから注意されたんだよ」ということを伝え、地域住民には「まだ彼らは日本に慣れていないので、すみませんでした。こちらでよく指導しますので、今回はご容赦ください」と一言入れれば、それ以上もめることはありません。

　だからこそ私たちは、急な対応が可能なＳＮＳを使うのです。

　さらに、**ＳＮＳがいいのは、やりとりが記録として残ること**です。
　会社と支援団体、そして外国人との間で認識の齟齬が起こったとき、電話だと「言った」「言わない」のもめごとに発展しがちです。しかし、ＳＮＳでは履歴が残るので、「言った」「言わない」の問題は起こりません。

　地方に住んでいる高齢の社長の中には、ＳＮＳに馴染みがない人も多いと思います。しかし**ＳＮＳは、外国から来た若者たちの唯一の連絡手段だと言っても過言ではありません。**

　だからこそ、**そのような社長は意識を変え、普段からＳＮＳを活用している支援団体を選ぶべき**なのです。

3. ブログやSNSで情報発信をしているか

「毎月1人3万円も払ってるけど、何に使ってるの？」。
技能実習生を受け入れた東北地方の中小企業の社長から、このように聞かれたことがあります。
技能実習生についていうと、**受け入れ企業からは毎月、監理団体に対して、受け入れ人数分の監理費用をいただいています。**相場は1人2万5000円〜3万円。5人を受け入れたら、毎月12万5000円〜15万円がかかります。

技能実習生の場合、監理団体は最初の1年間、毎月会社を訪問し、実習生たちの様子や労働環境を見ることが義務づけられています。さらに、3か月に1回、給料や残業代などが支払われているか、社会保険に加入しているかといったことを確認するため、監査に入る義務もあります。こうした活動にも監理費用が充てられます。

それ以外にも毎月、外国人に関する報告書の提出や各種手続きなどが細かく規定されていて、何かと忙しいスケジュールをこなしています。

この業界では**スタッフ1人で技能実習生50人を監理するのが標準的な割り当て**ですが、1人で50人の手続きや報告書作りなどを毎月行うのは、なかなかの作業量です。

そのうえトラブルが起きれば、受け入れ企業や技能実習生から相談が入ってきます。そうした対応にあたるにも、労力や時間がかかります。それらのサポートも監理費用から出ています。

しかし、受け入れ企業から見ると、私たちは単に毎月訪問して様子を見ているだけだと勘違いされやすく、「それで３万円もとるのか」と疑われてしまうのですが、実際はかなりの時間とお金を技能実習生の監理に費やしているのです。

とはいえ、**必ずしも一生懸命な団体ばかりではないというのも真実**です。毎月の訪問をしない、トラブルが起きても対応が遅い、親身に解決してくれない、といった具合です。

では、どうやって"はずれ"か"あたり"かを見分ければよいのでしょうか。**もっともわかりやすいのは、ブログやＳＮＳで日々の活動を発信しているかどうか**です。

「今日はＡという会社に訪問しました」「今日はＢという会社が初めての実習生を迎えました」といった活動報告や、団体が独自で調査を行い、「外国人技能実習生が、日本で困ることベスト５！」といった投稿を上げていれば、熱心な団体だと考えてよいでしょう。

また、制度や法律が変わったタイミングで、何がどう変わったかなどをタイムリーに解説してくれる団体も、常に受け入れ企業の事情を考えて活動をしていることがわかります。

反対に、ＳＮＳやブログで活動報告をしていない団体は、熱意がないか、そもそも情報をオープンにする姿勢に欠けているといえます。

情報発信をまめにする団体は、仕事もまめ。外国人雇用を検討しているなら、情報発信に熱心なところを選びましょう。

4. 外国人を雇うメリット・デメリットを説明できるか

　一流の営業パーソンは、売る人を選ぶといいます。誰にでも売ってしまう人は、実は二流。なかなか売れないのは三流です。
　一流がなぜ客を選ぶのか。それは、売ろうとしているものが役に立たない人に売っても、無駄なお金を使わせるだけだからです。客の課題によっては、他社の商品を紹介することだってします。常に客のメリットを第一に考えるから一流なのです。

　技能実習生の監理団体も同じ。**人手不足につけこみ、外国人雇用のメリットだけしか伝えない監理団体と契約すると、何かとトラブルが起きやすい**といえます。

　技能実習生は、若くてやる気があり、高い給料ではなくても一生懸命に働いてくれます。しかし一方で、彼らは日本語がほとんど話せず、生活ルールも理解していない状態で日本にやってきます。
　会社はその人たちの生活をサポートしながら、仕事もイチから指導しなければいけません。
　まとまった初期費用もかかります。日本での住居を用意してあげる必要もあります。ときには街中でトラブルを起こすこともあるかもしれません。
　日本人を雇うのとは違った負担がかかるという説明もなく、メリットだけを聞かされて外国人の採用を決めれば、後になって「こんなに大変だなんて聞いてないよ！」となるのは当然です。

こうした採用後のトラブルを避けるためにも、**デメリットまで明らかにしたうえで、デメリットに対して具体的な対応策を示してくれるのが、優良な監理団体**なのです。

もし、話をしていて営業トークばかりが続くようなら、「デメリットは何ですか？」「その対応策は？」と尋ねてください。それでも「デメリットは特にないです」と言う監理団体であれば、考え直したほうがいいかもしれません。

考えうるデメリットとしては、**技能実習生は即戦力にはなりません。** 特定技能であっても、日本での就労経験がない人だと、しばらくはイチから教える手間がかかります。

最初は外国人に、仕事はもちろん日本の文化や生活ルールを関係部門が一丸となって教えてあげたり、サポートしてあげたりする必要があります。しかし、**そうしてみんなで育てていけば、１年後には「いてくれて助かる存在」に成長します。**

ダイソンの掃除機は、「吸引力の変わらないただ１つの掃除機」というフレーズで世界を席巻しました。しかし、最初は致命的な弱点がありました。それは重さ。そこでダイソンは、「掃除機でもっとも重要なのは軽さではなく、掃除がきちんとできることだ」と訴えました。

技能実習生は手間と費用がかかるという"弱点"はありますが、日本の抱える課題を解決できる重要な存在だと、私たちは考えているのです。

5. 外国人への生活指導にも対応しているか

「ゴミの分別はしっかりやってくださいね」。
「大家さんや近隣の人に会ったら、一言挨拶しようね」。
「部屋でカラオケは禁止だよ」。
「飲んで騒ぎたいなら"部屋飲み"じゃなく、街の居酒屋に行ってね」。

初めて日本で生活する外国人たちには、新成人に言って聞かせるような生活指導も必要です。

日本での生活ルールの指導は、技能実習生の場合なら、あらかじめ監理団体が行います。その後、各企業の生活担当者に引き継ぎますが、20歳そこそこの若者たちのこと、つい羽目を外すこともあります。就労が始まっても、監理団体は会社とともに生活指導をする役割を担っています。

ところが、監理団体の中には、会社に引き渡せば後は放置というところもあるので、注意しなければいけません。

就労後も会社と一緒に技能実習生に目を配ってもらえるかは、要確認ポイントです。

受け入れ企業の生活担当者も、外国人たちと信頼関係ができるまでは、厳しく言えないときもあります。

反対に、生活担当者があまりに高圧的だと、技能実習生が萎縮したり反発したりして、よい関係が築けません。

監理団体は会社と技能実習生たちの間に立ち、どちらのサポートもします。 生活指導はもちろん、生活上の悩みや困りごとにすぐに対応してくれる監理団体を選んでください。

生活指導の関連でいうと、**採用後に現地で行われる約半年間の研修の方法も、監理団体に確認してみてください。**

研修は日本語が中心です。そこでは『みんなの日本語』という共通の教科書が使用されます。教科書は全50課で構成されており、そのうち最低30課は学んでもらうことが決められています。しかし、送り出し機関の指導方法や外国人本人の出来によっては、30課まで進めないところもあります。

そこで、監理団体に「『みんなの日本語』は何課まで習得させますか？」という質問をしてみるのです。かなり深い質問なので、相手はドキッとするかもしれません。そこで、もし30課まではたどり着かない指導方法の送り出し機関と提携している監理団体であれば、考え直したり、やめておいたりしたほうがいいでしょう。

ちなみに、**研修における履修項目は国が定めていますが、会社側の要望を組み入れることもできます。** 日本の職場で働いてもらうにあたり、必ず覚えておいてもらいたい専門用語などがあれば、それを加えてもらうことも可能です。

縫製工場であれば、ミシンの基本的な使い方をマスターしておいてほしいといった要望にも応えられる場合があります。

ただ、専門の講師を呼ぶとか、特別施設での講習が必要な場合は、別途経費がかかります。

採用後の半年研修は、新卒採用の「入社前研修」と同じようなものです。ですから月に１回、オンラインで現地にいる採用者たちと面談を行うこともできます。画面越しでも、面談を重ねることで信頼関係ができ、就労後もスムーズに職場に溶け込めます。

6. 法制度について丁寧な説明があるか

「技能実習生を雇うということは、労働基準監督署に目をつけられるということでもあります」。

私は、技能実習生の受け入れを検討している会社の社長にそう伝えます。

ドキッとする方もいますが、もちろん、当局が闇雲に誰かを捕まえようとしているわけではありません。

それだけ日本の役所は、外国人に関することには神経を尖らせているのです。

外国人労働者に関する法律や制度は細かくて複雑です。詳しい人材を社内に置くのが理想ですが、小規模の事業者ではそうもいきません。

だからこそ、**技能実習生を受け入れようという場合には、法律面までしっかりサポートしてくれる監理団体を選ぶことが重要**です。

先日、静岡県にある生鮮食料品加工の工場に監査に行ったとき、技能実習生たちの年次有給休暇を4日で設定しているのに気がつきました。

私が社長に「有給休暇が足りないですね」と言うと、「4日あればいいんじゃないの？」と、きょとんとしています。

「少し前はそうでしたが、いまでは労働基準法も改正され、8日以上でなければダメなんです。5日未満だと受け入れ停止になってしまいますよ」と伝えたところ、驚いていました。

悪気はなくても法改正に自社のアップデートが追いつかず、知らぬ間に違反してしまっているケースが多々あります。

**　監理団体は、3か月に1回、受け入れ企業に監査に入ります。**
　そこで帳簿を調べ、賃金や労働時間の面で労働基準法違反がないか確認したり、技能実習生の部屋を訪問して住環境に問題がないかチェックしたりします。
　そこで、給料や残業代が正しく支払われていなかったり、不当に長時間労働をさせられたりしている場合、外国人技能実習機構に報告します。

　ところが、**監理団体の中には、違反に気づいても見て見ぬふりをするところも多いのが実情**です。監理団体は企業からお金をいただく立場なので、問題点を指摘しても会社から強く突っぱねられると、次第にものが言えなくなってしまうのです。

**　私たちは、最初の段階で、受け入れ企業に監理団体の役割を説明します。**明らかな違反が見つかった場合は報告する義務があり、それを怠れば受け入れ企業だけでなく、自分たちも活動停止処分になることも伝えます。「そうなれば私たちが監理している数百人という技能実習生たちのサポートができなくなるので、見逃せないのです」、と。

　先日、ある会社の社長が私に「監理団体が定期的にチェックしに来てくれるから安心だ」と言ってくれました。
　実は、その会社では以前、残業代の割増率が足りないことを指摘したことがありました。そのとき、社長は「まずい、失敗したな……」と頭を抱えていましたが、早めに修正したことが幸いし、大きなトラ

ブルを回避することができたのです。社長はいまでも時々、「あのとき井上さんのアドバイスがなければ、今ごろ大変なことになっていましたね」と感謝してくれています。

　実際のところ、労働基準法や社会保険、雇用保険の制度はしばしば変更されるので、小規模の会社にとっては知識をアップデートするのも大変です。

　監理団体の細かいチェックは「親切」と捉え、法制度について丁寧な説明をしてくれる団体を選んでほしいと思います。

7. コストが明朗会計になっているか

「安いから頼んだのに、後からこんなに追加料金がかかるのか!?」。飲食店でも旅行でも、低価格に惹かれて利用したら追加料金がかさみ、想定していた予算を軽くオーバーしてしまった、というのはよくある話です。

外国人雇用の支援団体選びでも、同じようなトラブルがよく起きます。契約したときは「費用は30万円程度」と聞いていたのに、次から次へと費用を請求され、最終的な請求額はその倍になった、といった声も聞こえてくることがあります。

お金のトラブルを防ぐためにも**「明朗会計」の団体を選ぶべき**です。具体的なコストが明示されているか、妙に安い場合には隠れたコストがないか、項目ごとのコストは適正なのか、細かくチェックする必要があります。

以前、中国地方の農業法人が初めて技能実習生を受け入れることになり、A監理団体を選びました。その理由は、「他団体より安い」から。しかしその後、現地での講習費、入国後の生活費、さらには交通費や保険料まで追加の費用が次々と発生し、「もっときちんと確認しておけばよかった」と担当者は後悔していました。

一方、別の企業が選んだB監理団体では、すべてのコストを最初に一覧表で提示してくれたといいます。そのため、聞いた通りの金額しかかからず、実際の運用もスムーズだったそうです。

では、どうすれば「明朗会計」であることがわかるのでしょうか。

まず、**監理団体のホームページをチェックしてください**。監理団体は、ホームページに技能実習生の受け入れに必要な費用を記載することが義務づけられています。そこに、**初期費用や監理費の項目が具体的に記載されているかどうかが**ポイントです。

技能実習生を雇い入れる場合、かかるお金は初期費用だけではありません。受け入れ費用が1年ごとにかかりますし、毎月の監理費もかかります。3年分の経費が書かれているか確認してください。

金額の記載があったとしても、極端に安い場合や不自然に高い場合には注意が必要です。相場として、初期費用は35万円から40万円、月々の監理費は2万5000円から3万円程度が目安です。そこから大幅なズレがある場合は、必ず「なぜその金額なのか」を確認しましょう。

毎年の技能検定試験や書類作成業務にかかる費用は、どこもほぼ同じだと思います。しかし、空港から講習センターへの送迎、講習センターから会社への送迎にかかる交通費や、実習生が帰国する際の渡航費などの実費を省くことで、安く見せているところもあります。

費用に関して、企業側から監理団体に質問をすることも大切です。「これ以上の追加費用はかかりませんか？」「交通費や保険料など、すべて含まれていますか？」といった質問をした際の反応を見ましょう。そこも信頼性を見極めるポイントになります。

「安物買い」が高くつくのは世の習い。くれぐれも目先の「安さ」だけで判断しないでください。

おわりに

　私が18歳でオーストラリアに留学した際、ホームステイ先にJという中学3年生の少年がいました。Jはオーストラリア人と日本人のハーフで15歳。私たちはなんとなく馬が合い、兄弟のような関係でした。

　ある日、いつものように2人で対戦ゲームをして遊んでいたときのこと。
　私は何気なく、「オレ、中国人って苦手なんだよな。っていうか、嫌いなんだよ」とつぶやきました。すると、Jがじっとこちらを見て「中国人に何かされたの？」と、聞き返してきました。
　「別に何かされたわけじゃないけど、日本ではみんな中国人を嫌ってるよ」。私がそう言うと、Jは持っていたゲーム端末を下におろし、きつい口調で「何もされていないのに、なんで嫌うんだ？」と尋ねてきたのです。

　──何を怒ってるんだ？
　Jの反応をどう受け止めていいかわからず、私が顔を見返すと、Jは顔を真っ赤にしながら私を睨みつけ、こう言い放ちました。
　「僕には中国人の友達もいるけど、優しくていいヤツだよ。ナオ（私）は中国人に何もされていないし、普通にチャイニーズレストランでランチを食べてるじゃないか。なのになぜ中国人というだけで嫌うんだ。それを偏見っていうんじゃないのか！」。

私は中学生から、人としての「あり方」を正されたのです。留学中、恥ずかしい思いをたくさんしてきましたが、これほど自分のことを恥ずかしいと感じたことはありませんでした。

　Ｊの顔を見ながら、頭の中では、オーストラリアに来てからの記憶が蘇っていました。成績順で１～８までランク分けされた英語学校で、私は一番レベルの低いクラスに入りました。しかし、その授業にさえついていけず、学校から見放されるかと思っていたら、先生が授業の終わりに毎回、私だけのために「ゼロクラス」という名の補習をしてくれました。まさにＡＢＣから教えてくれたのでした。

　家を探すときも、アルバイト先を見つけるときも、英語学校の先生は親身になって世話をしてくれました。おかげで精肉店と日本料理店でのアルバイトが見つかり、生活費を稼げるようになったのです。しかも、アルバイト先の店長は、熱心に英語を教えてくれ、私が生活に困ったときにはバイト代のほかに、そっとお金を渡してくれました。

　また、私は野球のクラブチームに所属していたのですが、チームメイトは毎回、練習場から２時間かかる私の家まで車で送ってくれました。また、別のチームメイトは早朝に私を迎えに来て、サーフィンを教えてくれました。

　英語も喋れず身一つでやってきた日本人の学生のことを、周りの人はいつも気にかけ、助けてくれていたのです。
　異国の地では誰かに助けてもらわないと、生きていけません。そのことは身に染みてわかっていたつもりでしたが、本当に大切なことがわかっていなかったのです。

Jの言葉をきっかけに、私の視野は日本という1つの国から、一気に世界へと広がり、価値観も大きく変わりました。
　母国を出てみると、ほとんどの人は、1人では何1つできません。しかし困っている人がいれば、国籍や人種に関係なく、助けてくれる人がいるのです。人というのは、そうやって互いに手を取り合って生きていくものだと、心の底からわかったのです。

　そのような思いを胸に帰国した私は、日本に来ている外国人の役に立ちたいと考え、まず留学生のために、アルバイト先を紹介したり、転職を支援したりする仕事を始めました。

　そのころ知人に誘われて訪れたのが、ベトナムです。
　するとそこでも、私にとって驚きの体験がありました。たくさんの若者が「日本で働いてみたい」と熱意を込めて私に話しかけてきたのです。

　「日本で働きたい人が、こんなに大勢いる。彼らの熱意をぜひ現実のものにしてあげたい」。
　そう思った私は、彼らが日本で働くための支援をしようと決意し、2年間ほかの支援団体で働いた後に独立。2020年にワールドチアーズ協同組合を設立したのです。

　それから4年を経て、2024年5月にインドネシアのジャカルタ郊外に日本語学校をオープンしました。その目的は2つあります。

　1つは、研修を充実させ、日本で働きたい人の日本語のレベルをもっと引き上げること。それは、外国人が日本でもっとも苦しむのが日本

語だからです。

　もう１つの目的は、語学学校から得られる利益を活用して外国人を受け入れる企業の費用負担を軽減し、さらに外国人の受け入れを進めていきたいということ。
　地方の中小企業にとって、外国人を雇い入れるための費用は決して安いとはいえません。その負担を減らすことが、人手不足解消につながることを期待しているのです。

　日本ではいま、ＡＩの話題で持ち切りです。確かにＡＩはデスクワークのサポートはしてくれますが、ビルは建ててくれません。介護の手伝いをしてくれるわけでもないでしょう。
　いま、地方の中小企業に必要なのは、ビルや家、道路を造ったり、高齢者の入浴を手伝ったりしてくれる「人の手」です。

　私は、地方の中小企業が気軽に外国人を雇用できる社会を実現したいと思っています。それと同時に、日本をもっと外国人が働きやすく、暮らしやすい国にしたいとも考えています。
　私がオーストラリアで多くの人に助けられたように、私たちも海外の若者を助けてあげる——。
　そんな人助けをして困る人は、誰ひとりいないはずです。

　これからの日本の中小企業を支えるのは、外国人です。その外国人が生き生きと働くことのできる日本になることを願いながら、これからも活動を続けていこうと思います。

井上直明

井上直明（いのうえ・なおあき）
ワールドチアーズ協同組合代表

1987年東京都町田市生まれ。高校を1年で中退。建設業、新聞配達などで働き、妻と2人の息子を養うために奮闘する。高校の卒業資格を得るために、18歳でオーストラリアに留学。1年半の滞在中に多くの現地の人に助けられたことが契機となり、日本に来る外国人のサポートを自分の天職とすることを決意。2015年、個人事業主としてワールドチアーズを立ち上げ、2020年に協同組合に改組。以降、日本で働きたい外国人人材と、日本の中小企業の橋渡しを続けている。2024年5月にはインドネシアのジャカルタ郊外に日本語学校をオープン。インドネシア政府も巻き込み、日本で働きたい外国人のために本格的な活動を開始している。

ワールドチアーズ協同組合ウェブサイト ▶
https://worldcheers.or.jp

外国人雇用のトリセツ
2025年3月6日　初版発行

著　者	井上直明
発行者	和田智明
発行所	株式会社 ぱる出版

〒160-0011　東京都新宿区若葉1-9-16
代表 03(3353)2835　FAX 03(3353)2826
本書籍に関するお問い合わせ、ご連絡は下記にて承ります。
https://www.pal-pub.jp/contact

印刷・製本　中央精版印刷株式会社

©2025 Naoaki Inoue　　Printed in Japan
落丁・乱丁本は、お取り替えいたします
ISBN978-4-8272-1492-5 C0034